모티베이션 컴퍼니

MOTIVATION COMPANY

モチベーションカンパニー
MOTIVATION COMPANY by Yoshihisa Ozasa
Copyright ⓒ 2002 by Yoshizawa Ozasa
All rights reserved

Original Japanese edition published by JMA Management Center, Inc.
Korean Translation rights arranged with JMA Management Center, Inc.
through Japan Foreign-Rights Centre / BOOKCOSMOS

Korean Translation Copyright ⓒ 2003 ILBIT Publishing Co.

이 책의 한국어판 저작권은 Japan Foreign-Rights Centre와 북코스모스를 통한
저작권자와의 독점 계약으로 도서출판 일빛에 있습니다.
신저작권법에 의해 한국 내에서 보호를 받는 저작물이므로
무단 전재와 무단 복제를 금합니다.

MOTIVATION COMPANY

오자사 요시히사 지음 | 조병린·나상억 옮김

모티베이션 컴퍼니

일하고 싶은 회사, 경쟁력 있는 회사

모티베이션 컴퍼니

펴낸곳 도서출판 일빛
펴낸이 이성우
지은이 오자사 요시히사
옮긴이 조병린 · 나상억
기획 문희정
편집 이준수 · 이은주 · 이수경
디자인 이혜경
마케팅 최정원 · 조규석 · 이정자

등록일 1990년 4월 6일
등록번호 제10-1424호

초판 1쇄 인쇄일 2003년 11월 10일
초판 1쇄 발행일 2003년 11월 20일

주소 121-837 서울시 마포구 서교동 339-4 가나빌딩 2층
전화 02) 3142-1703~5 팩스 02) 3142-1706
E-mail ilbit@unitel.co.kr

값 14,000원
ISBN 89-5645-033-1 (03320)

◆ 잘못된 책은 바꾸어 드립니다.

차례 CONTENTS

프롤로그 기업을 엄습하는 모티베이션 위기

사원들이 작성해 지니고 다니는 '기업에 대한 절연장' • 11

모티베이션 자체가 경쟁력의 원천 • 16

01 미국식 경영의 파탄

전략 지상주의의 환상 • 21

주주 지상주의의 모순 • 26

혼란에 빠진 성과주의 인사 제도 • 31

개인 환원주의(Atomism)의 한계 • 38

인재 유동화의 충격 • 42

02 모티베이션의 정체

'보상의 매력' × '획득 가능성' = 모티베이션의 크기 • 49

보상 재원이 소진되었다 • 53

'돈'과 '직위'만으로는 일하지 않는다 • 57

주문의 속박에서 해방된 기업과 개인 • 61

기업 내부에서 새로운 보상을 만들어내자 • 66

03 모티베이션 엔지니어링

'모티베이션 엔지니어링'이 지향하는 것 • 73

관계성의 관점 ▶ 문제는 '사람'이 아니라 '사이'에 존재한다 • 77

연결점 중시 ▶ 모티베이션 창조자 • 82

신뢰감 조성 ▶ 규정 < 신뢰 인프라의 구축 • 87

모티베이션 마케팅 • 90

04 조직의 모티베이션 마케팅
4 Eyes

4 Eyes에 의한 측정 • 97

16가지 모티베이션 요인 ▶ 조감도 vs 투시도 • 102

4 Eyes Windows에 의한 과제 발견 • 113

'INTER LINK'와 'ICE BLOCK' • 117

액션 플랜과 네거티브 플랜 • 121

05 개인의 모티베이션 마케팅
모티베이션 포트폴리오

모티베이션 포트폴리오에 의한 탐색 • 127

사고 행동 특성 프레임 • 131

직무 지향 특성 프레임 • 135

조직으로서의 모티베이션 포트폴리오 • 139

'사고 행동 특성'과 '직무 지향 특성'을 체크한다 • 144

06 기업 조직의 4가지 형태와 모티베이션 증상

기업 조직의 4가지 모드 ▶ '시행' → '확대' → '다각' → '재생' • 149

확대 모드에서 나타나는 모티베이션 증상 • 155

다각 모드에서 나타나는 모티베이션 증상 • 160

재생 모드에서 나타나는 모티베이션 증상 • 165

07 기업 조직 형태의 변혁

4가지 매니지먼트 시책 • 173

'정식화 매니지먼트' ▶ 확대 모드로 변혁 • 176

'다양성을 묶어내는 매니지먼트' ▶ 다각 모드로 변혁 • 182

'파괴와 창조의 매니지먼트' ▶ 재생 모드로 변혁 • 186

'해동' → '변화' → '동결' ▶ 모드 변혁의 3단계 • 191

08 조직 형태 변혁의 3가지 사례 연구

사례1 확대 모드 • 197

사례2 다각 모드 • 208

사례3 재생 모드 • 218

에필로그 기업 지배 구조의 미래

기업 지배 구조의 행방 • 233

엔트리 매니지먼트 ▶채용 브랜드의 구축 • 237

기업 대학 ▶기업의 비즈니스 스쿨화 • 241

차세대형 일터 매니지먼트 • 244

'놀이' '학습' '노동'의 융합을 지향하며 • 251

■ 옮긴이의 글 • 254

MOTIVATION COMPANY

Prologue

프롤로그

기업을 엄습하는 모티베이션 위기

Threatening of
Motivation Crisis

- 사원들이 작성해 지니고 다니는 기업에 대한 절연장(絶緣狀)
- 모티베이션 자체가 경쟁력의 원천

사원들이 작성해 지니고 다니는 '기업에 대한 절연장(絕緣狀)'

최근 일본 경제는 장기간에 걸친 저성장으로 고통받고 있다. 많은 경제 평론가들이 디플레이션 악순환으로 돌입했음을 경고하고 있는 가운데, 주가 또한 회복되기는커녕 거품경제 붕괴 이후 저가 시세권에서 혼미를 거듭하고 있다. 당연히 소비 시장도 활성화 상태와는 거리가 멀고, 기업의 수익성도 그게 악화되고 있다. 그러나 더 큰 문제는 악화되는 외부 환경에 정신이 팔려 조직 내부에서 비상 사태가 진행되고 있음을 전혀 알아차리지 못하고 있다는 사실이다. 비상 사태란 바로 '일에 대한 사원들의 모티베이션(Motivation)이 크게 추락하고 있다는 점'이다. 지금 대단히 많은 기업 조직 안에서는 중장기적으로 보아 기업의 존재를 송두리째 뒤흔들 만큼 무서운 사태가 시시각각으로 진행되고 있다.

기업의 장래를 짊어지고 나가야 할 신입 사원 가운데 30% 이상이 입사 후 3년도 되기 전에 사표를 던지는 상황이다. 일찍이 '취직(就職)'이 아니라 '취사(就社)'라는 야유를 받아왔던 리쿠르트 활동도 지난 수년에 걸쳐 기업들이 채용 방법을 다양화하면서 많은 개선이 이루어지고 있다. 그럼에도 젊은층의 이직율이 이처럼 상승하고 있는 현상은 문제가 아닐 수 없다. 신입 사원들이 품고 있던 '꿈'과 '희망'은 입사 후 조직 생활을 하는 가운데 끊임없이 조직과 매니지

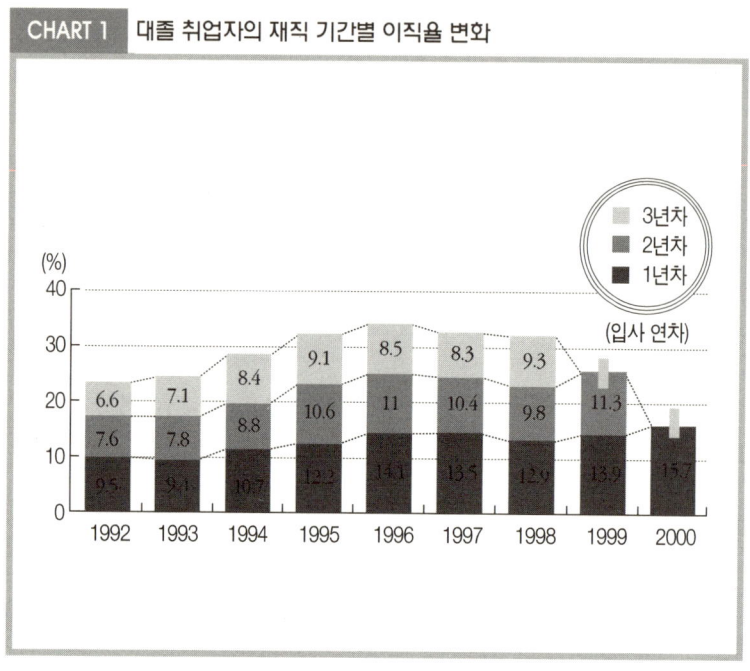

먼트의 두터운 벽에 부딪혀 산산조각 나지만, 그들은 자신들의 고민을 선배나 상사에게 상담하려 하지도 않고 어느 날 퇴직하겠다고 '보고'한 뒤 그냥 사표를 던져버린다. "하루라도 빨리 이 회사를 떠나고 싶었다"라는 듯이 다음 직장을 미리 정해놓고 퇴직하는 경우도 눈에 띄게 늘고 있다.

이러한 현상은 프리랜서(Freelancer)의 증가와 같은 사회 문제로서 젊은층에만 한정된 얘기가 결코 아니다. 그동안 기업의 성장을 지탱해온 중·고령층에서도 이러한 경향은 마찬가지다. 어느 대기업에서 1,000명을 목표로 희망 퇴직을 모집했더니 접수를 받기 시작한 지 채 10분도 되지 않아서 3배, 4배의 응모자가 쇄도하는 바람에 크게 놀란 인사부에서 재빨리 마감시켜버렸다는 사례도 있다. 이런 현상은 "기회가 주어지기만 한다면 당장 이 회사와 인연을 끊겠다"는 잠재적 이직 희망자가 너무도 많다는 점을 반증해주는 것이라 할 수 있다.

더욱 심각한 사실은 회사에서 상당한 기대를 걸고 있는 인재, 높은 평가를 받고 있는 인재들까지도 회사와 인연을 끊고 나가기 시작한다는 점이다. 우수한 인재에게 좋은 대우를 해줄 목적으로 성과주의 인사 제도를 도입하여 정착시키는데 그동안 온 힘을 기울여온 인사부 입장에서는 기대가 크게 어긋나게 되었을 뿐만 아니라 점점 가속화되고 있는 인재 유출 사태에 골머리를 앓게 되었다. 특히 관리자나 리더로서 책임있는 위치에서 큰 활약을 해줄 것으로 기대하며 공을 들여왔던 우수 인재들이 회사를 떠난다는 사실은 기업 조직에 있어 매우 큰 고민이 아닐 수 없다.

일에 대한 모티베이션이 크게 추락한 결과, '퇴직' 이라는 파국 사태가 오기 이전에 이미 다양한 국면에서 여러 가지 증상들이 드러나고 있다. "비즈니스 모델의 변혁을 시도하고는 있지만 실행이 뒤따르지 않아 탁상공론에 그치고 있다" "변혁의 방향을 제시하지만 침묵으로 일관하는 중견 사원들이 급증하고 있다" "제안 제도가 형식으로 흐르고 있고 회의 석상에서도 전향적인 발언이나 제안을 들을 수가 없다" 등등 최고 경영자들의 한숨 소리가 도처에서 들려오고 있다. 자기 회사 내부에서는 물론 거래처에서도 이와 유사한 현상들을 보고들은 사람이 결코 적지 않을 것이다. 말 그대로 '모티베이션 위기' 가 기업을 엄습하기 시작했다. 또한 이러한 위기가 기업에게는 과거에 볼 수 없었던 커다란 문제를 불러일으키고 있다. 사원에 의한 내부 고발이나 기밀 누설이 한 예가 될 수 있다. 퇴직 혹은 태만이라는 상황이 사원들이 보여주는 무언(無言)의 저항이라고 한다면, 이러한 행위는 그야말로 적극적인 반역 행동이라고 할 수 있다. 그렇다고 해서 기업의 비윤리적인 경영 행위를 두둔하는 것은 아니다. 식품 메이커의 쇠고기 위장 사건(역자주: 2002년 식품 회사의 대명사 격인 유키지루시 사가 수입육에 국산 표시 라벨을 붙여서 판 사건)이나 2002년 도쿄 전력 회사의 원전 사고 은폐 사건 등 기업에 의한 범죄적 행위와 의도적인 정보 은폐를 '자사 직원들이 비밀을 지키려고 하지 않아서' 들통나게 된 우발적인 사건으로 보는 것은 잘못된 인식이다.

지금까지 서술한 것처럼, 사원들의 모티베이션 위기라는 현상이 곧바로 기업 내부를 잠식하여 기업의 붕괴까지 초래할 수도 있다는 엄중한 경고를 인식하고 있는 기업이 얼마나 될 것인가?

그런데 모티베이션 위기 현상의 원인을 잘 살펴보면, 단순히 경기가 바닥을 기고 있어서 일어나는 사기 저하 혹은 회사나 업계의 장래를 위협하는 순간적인 구심력의 저하에서 비롯된 현상이라고 설명하기에는 설득력이 너무 부족하다. 왜냐하면 호황을 누리고 있는 업계나 성장을 거듭하고 있는 기업에서조차 유사한 현상이 만성화되고 있음을 발견할 수 있기 때문이다.

지금 많은 기업들이 사원들의 모티베이션을 자극하지 못해 어려움을 겪고 있다. 사원들이 기업에 보내는 '절연장(絶緣狀)'은 다름 아닌, "회사를 사직하는 리스크를 상회할 정도의 매력이 이 회사에는 없다" "지금 회사에서 계속 근무할 만한 보람이나 가치를 느끼지 않는다" "설령 배신자라는 딱지가 붙더라도 부정이나 사기 행위까지 자신에게 강요하는 회사를 더 이상 용납하지 않겠다"라는 메시지이다. 그런데 문제는 유출되어 나간 인재와 그들이 가지고 있던 정보로 인해서 기업 활동의 근간이 뒤흔들리는 사태로까지 진전될 수도 있다는 점이다. 사원들에 의한 무언의 저항이나 적극적인 반항도 '기업에 대한 절연장'이다. 이제 바야흐로 기업과 개인의 관계가 역사적인 전환기를 맞이하고 있음에 틀림없다. 퇴직해 나간 인재의 마음 깊은 곳에 잠재되어 있는 회사에 대한 '소리 없는 의심이나 불만'은 앞으로 이 회사에 일어날지도 모를 불길한 사고에 대한 경고이며 내부 고발을 결행하는 인재의 심경은 '개인에 대한 회사의 엉터리 행위를 바로잡는' 비통한 저항으로 받아들여야만 하게 되었다.

모티베이션 자체가 경쟁력의 원천

　오늘날 기업들은 냉혹한 시장 경쟁의 와중에 처해 있다. 규제들은 철폐되고 있고, 외자 기업들과 신흥 벤처 기업들의 시장 진입이 크게 늘어나고 있다. 경쟁 기업 간의 경쟁 또한 날로 격렬해져 가고 있다. 게다가 고객의 니즈(Needs)는 다양하고, 복잡하고, 고도화되어 상품의 라이프 사이클은 가속적으로 단축되고 있다. 이러한 상황 속에서 기업은 경쟁 우위를 구축하기 위한 새로운 비즈니스 모델의 창출, 투자가를 설득할 수 있는 중장기 계획의 수립 등, 다양한 시책을 펴면서 살아남기 위해 온갖 힘을 쏟고 있다.

　그러나 아무리 효과적인 비즈니스 모델을 고안하여 이익을 최대화할 수 있는 전략이나 사업 계획을 책정하여도, 이를 실행하는 것은 다름 아닌 바로 업무를 수행하는 사원들이다. 따라서 사원들이 시장이나 고객의 요구 변화에 적절하게 임기응변으로 잘 대응할 수 있는가의 여부가 그 기업의 재도약이나 성장의 관건이라고 해도 과언이 아니다.

　시장의 동향이나 고객 니즈의 변화를 민감하게 관찰하여 인지하고, 이를 상품 개발이나 가격 결정에 반영시킬 수 있어야 한다. 그리고 새로운 정보를 지속적으로 받아들여 기존 기술이 시대에 뒤떨어지지 않게 노력해야 한다. 사원들이 업무 현장에서 하는 사고와 행동 자체야말로 시장에서 최종적으로 승패를 가르는 관건이 된다.

　기업으로서는 사원으로 하여금 '더욱 더 고객에게 공헌하고 싶다' '상품 개발로 이어질 수 있는 정보를 회사에 제공하고 싶다' '경쟁 상대에게 지고 싶지 않다' '자기 자신을 성장시키고 싶다' 고 생각하게 하기 위해서는 일에 대한 모티베이션을 자극하여 경쟁력을 높일 수 있어야 한다.

시장에서의 경쟁이 날로 격렬해지는 상황 속에서 기업이 경쟁 우위를 확보하는 것은 말할 필요도 없이 바로 업무를 담당하는 '인재'이다. 나아가 전략을 실현하기 위해서 각각의 인재에게 필요한 것은 바로 '스킬(Skill)' 이다. 그러나 그 이전에 스킬을 획득하고 안정적으로 발휘하고자 하는 '모티베이션' 을 가진 사람이 먼저 전제되어야 한다. '사업 전략' 은 곧바로 경쟁사에 의해 모방되어 버린다. '스킬' 도 사외로 유출될 위험성이 높다. 인재 유동화 시대가 도래함에 따라 이러한 경향은 더욱 가속화되고 있다. 그러나 '사원의 모티베이션을 촉발시키는 조직 풍토' 는 모방이 어려울 뿐만 아니라 사외로 유출될 위험성도 없다.

조직이란 인간의 집합체이다. 사원은 어디까지나 조직의 목표를 달성하기 위한 구성원이자 동시에 각자가 개인적인 목적 혹은 욕구를 지닌 살아있는 존재이다. 바로 이 점에서 숙명적으로 '조직의 목적 달성' 과 '개인의 욕구 충족' 사이에 갈등이 생겨난다. 달리 말하면 '조직으로서 수행해야 할 것' 과 '개인이 하고 싶은 것' 사이에 많든 적든 충돌이 생겨난다. 그렇다면 우리는 이 충돌을 해소하기 위해 과연 어떻게 개인의 모티베이션을 촉발하여 사업 전략의 실현으로 연결시킬 수 있을까? 다시 말하면 "우리는 사업 전략 그 자체를 어떻게 개개인의 모티베이션 촉발을 통해서 구축해 갈 수 있을까" 라는 의문이 생긴다.

인재의 유동화가 진행되고 있는 지금, 기업은 이제 '일하는 장소' 로서 어느 정도 사원을 만족시켜 주고 있는가 하는 '사원 만족도' 를

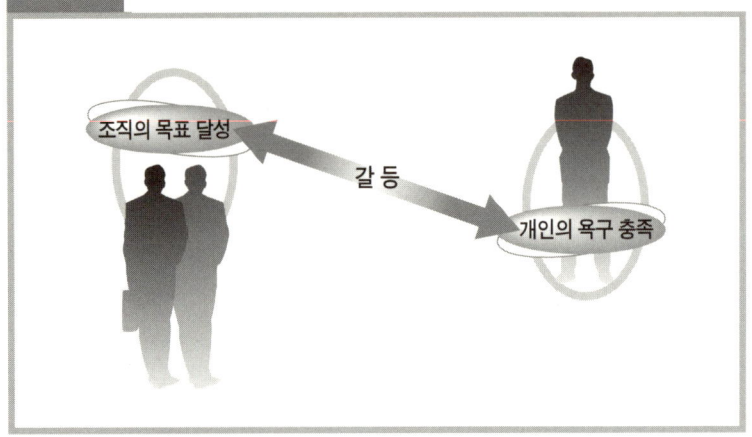

충족시켜 주는 시대로 돌입하고 있다. 사원들은 자신이 속한 기업에서 일할 만한 '가치'를 느끼지 못할 때는 가차없이 기업을 떠나려고 하며, 경우에 따라서는 경쟁 기업으로 전직하는 경우도 많다. 사업 전략을 실행할 수 있도록 사원의 모티베이션을 자극할 수 없는 기업은 시장에서의 경쟁력을 상실할 뿐만 아니라, 머지않아 곧 대량의 인재 유출이라는 비상 사태에 직면하게 된다.

그리고 시장에서의 경쟁력을 결정하는 요인(Factor)이 '하드웨어적 요소'로부터 '소프트웨어적 요소'로 이행하고 있는 작금의 상황을 고려한다면, 경쟁력의 원천이 무엇인가라는 질문에 대해 무엇보다도 먼저 사원들의 모티베이션, 즉 '성장을 향한 모티베이션' '고객 공헌을 향한 모티베이션' '변화에 대응하기 위한 모티베이션'이라고 답하지 않을 수 없다.

모티베이션 위기가 이미 표면화되고 있는 기업은 물론이고 여타 모든 기업에 있어 사원의 모티베이션 문제는 경영상 대단히 중요한 테마가 되고 있다.

MOTIVATION COMPANY

Chapter 1

미국식 경영의 파탄

The Failure of American Management

- 전략 지상주의의 환상
- 주주 지상주의의 모순
- 혼란에 빠진 성과주의 인사 제도
- 개인 환원주의(Atomism)의 한계
- 인재 유동화의 충격

전략 지상주의의 환상

　시장 경쟁이 갈수록 격화되면서 많은 기업들이 업적 악화와 이에 수반되는 조직 구성원들의 모티베이션 저하라는 이중의 어려움을 겪고 있다. 기업으로서는 이러한 상황에 적절히 대처할 방안을 마련하지 않으면 안될 입장이다.

　그러면 어떤 대책을 강구해야 할 것인가? 시장 경쟁이 격화되면서 매출 저하에 허덕이고 있는 대부분의 기업들은 이러한 난관을 해결할 방안을 찾는 과정에서 유럽이나 미국의 컨설팅 회사들이 제창하는 '전략 지상주의'에 지나치게 기울어져 있다고 해도 과언이 아니다. 시장의 경쟁 상황을 분석하고, 기업이 보유하고 있는 기능을 세분화하며, 최적의 비즈니스 프로세스를 원점에서부터 다시 그려내는 리엔지니어링 사고에 매달리고 있는 것이다. 경영 전략은 원래부터 주어진 절대적인 것으로 상정하고 이를 바탕으로 인사 전략을 연역적으로 재설계하는 톱다운(Top-down) 방식의 매니지먼트를 수

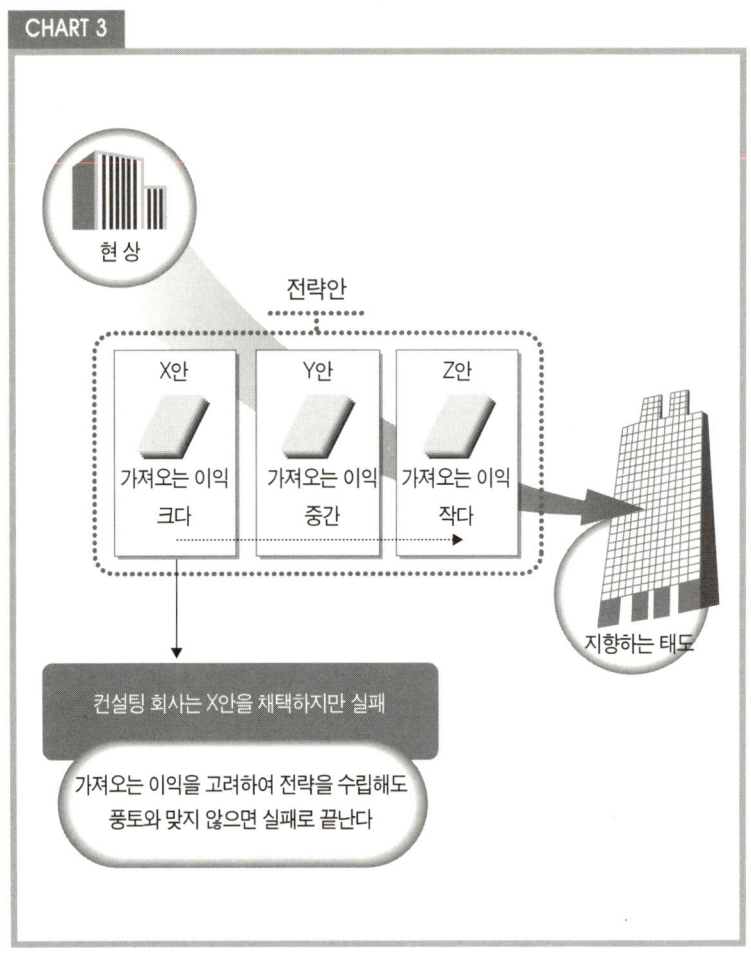

행하는 체제를 설정하고 있다. 조직 구성원의 모티베이션 저하에 대해서는 성과주의를 도입하여 충분하지 못한 인건비 재원을 효율적으로 배분하려고 시도해 왔다. 정도의 차이는 있겠지만 수많은 기업들이 당연하다는 듯이 이러한 시책을 답습해 왔다.

그러나 이러한 '전략 지상주의'가 과연 성과가 있었는가에 대해서는 커다란 의문이 남는다. 이러한 시책으로 인해 오히려 미로 속을 헤매고 있는 기업도 적지 않다. 왜냐하면 새로운 사업 전략과 회사의 문화나 풍토의 적합성에 대해 관심을 기울이는 컨설팅 회사는 별로 많지 않기 때문이다. 애써 도출해낸 전략이라도 해당 회사의 문화라는 벽에 가로막혀 '탁상공론'으로 끝나버리는 비극이 끊이지 않고 있다.

그렇다면 도대체 회사의 '풍토'란 무엇인가? 필자는 '자사' '경쟁' '고객' '사회 환경'이라는 요소들이 결합하여 기업이 자사의 존재 가치를 높이고자 활동해온 프로세스 속에서 구체화되어진 조직 구성원들의 사고나 행동 양식이 바로 '풍토'라고 생각한다. 시장에서 승리하기 위해 조직 차원에서 다양한 의사 결정을 반복적으로 수행해온 결과 그 부산물로서의 '풍토'라는 것이 형성되게 된다. 팀웍을 가장 중요하게 생각하는 풍토, 새로운 제안을 칭찬하고 포상하는 풍토, 상하 관계라 불리는 질서를 중시하는 풍토 등등, 각각의 기업에는 서로 다른 풍토가 형성되고 길러진다.

예를 들어 A회사가 앞으로 채택할 전략에 대해서 컨설팅 회사로부터 X안, Y안, Z안, 이상 3가지 전략 대안을 받았다고 하자. 표면적으로는 X안이 가장 큰 이익을 가져오고, Y안이 그 다음이며, Z안은 가장 작은 이익을 가져오는 것으로 보인다. 당연히 컨설팅 회사는 이익의 극대화를 노리고 X안을 권고하게 된다.

그러나 여기서 잊어서는 안 되는 점이 바로 풍토와의 적합성이다. X안이 가장 큰 이익을 가져다 준다고 예측되지만, A사의 풍토와 맞지 않는다면 이 전략은 실패로 끝날 가능성이 높다. 지금까지 매출 지상주의로 단기적인 목표(Goal)를 지향하여 사원 전체가 경쟁하던 회사였는데, 어느 날 갑자기 고객과의 장기적인 신뢰 관계가 중요하고 이를 위한 조직 내 팀웍이 요구되는 사업에 손을 댄다면 결국 실패하게 되리라는 것은 자명한 사실이다.

그러나 유감스럽게도 컨설턴트에게는 그 회사의 풍토가 눈에 보이지 않고 측정하기도 어렵기 때문에 이를 도외시하고 전략을 수립하게 된다.

역으로 Z안은 가장 작은 이익을 가져올 것으로 예측되었지만, 이 전략이 A사의 풍토에 부합한다면 예상 이상의 커다란 성과를 가져다주게 된다.

지금까지 수년간 종합전기 메이커로 불리는 기업들의 업적은 현격하게 줄어들었고, 경기의 견인차 역할을 해온 IT 산업조차 그 힘을 잃어버린 2001년에는 수많은 기업에서 엄청난 규모의 인원 구조조정이 발표되었다. 우리나라의 종합 전기 메이커들 중에는 첨단 상품을 개발하기보다는 닥치는 대로 무엇이든 다른 회사를 추종하여, 보다 사용하기 쉬운 상품으로 개량하는 것을 목표로 한 기업이 적지 않았다. 그러나 넘버원 기업 이외에는 살아남을 수 없다는 최근의 풍조 때문인지는 몰라도 모든 기업이 일등 주자를 목표로 하는 전략으로 바뀌어 나가고 있다. 지금까지 팀웍을 중요하게 여겨온 기업이 사내벤처 지원 제도나 극단적인 전문직 채용을 도입하는 등 외부에서 보면 '미로 속을 헤맨다'라고 할 정도의 전술을 채택하고 있다. 그러나 전반적인 경기 후퇴가 한편으로는 어쩔 수 없는 요인으로 작용하고 있다손 치더라도 이들 기업의 업적이 향상되었다는 말을 도통 들을 수 없는 것 또한 엄연한 사실이다.

풍토는 사원들의 사고나 행동 스타일의 집합체이고 조직의 유전자라고 불린다. 풍토라는 유전자와 사업 전략 사이의 적합성을 고려하면서 복잡한 환경에 적응해 가는 것이 결과적으로 기업을 성장으로 이끄는 가장 빠른 길이 아닐까? '키가 크다' 는 유전자를 살려서 농구를 하게 한다면 타고났기 때문에 다른 사람보다 농구에 더욱 적합한 이점을 갖게 되는 것과 마찬가지인 것이다. 풍토에 비추어 전략을 선택해야 한다는 말이 비록 극단적인 논리처럼 들릴지 모르지만 결정된 전략이 풍토와 적합한가의 여부를 검토하는 일은 매우 중요한 사항이며 충분히 생각해야 할 가치 있는 일이다.

거품 경제가 붕괴되기 이전에는 대부분의 기업들이 '전략' 이라고 불리는 것을 그다지 필요하다고 생각하지 않았다. 물건이 부족한 시대, 달리 말하면 호경기로 인해 물건을 만들기만 하면 판매는 저절로 이루어지는 고도 성장의 시대가 장기간 지속되었기 때문이다. 조금 지나친 얘기가 될 수도 있겠지만 기본적으로는 유럽이나 미국의 비즈니스를 추종하기만 하면 큰 실패는 없는 시대이기도 했다. 그러나 거품 경제가 붕괴되기 시작한 1993년 이후에는 고도 성장이란 과거의 환상이 되어버렸으며 한정된 고객을 두고 수많은 기업들이 다투는 극한 경쟁 시대에 돌입하게 되었다.

그러한 상황 속에서 유럽과 미국을 중심으로 컨설팅 회사들이 급격히 부상하기 시작했다. 그들이 가지고 들어온 컨설팅 상품이 지금까지 보지 못했던 '전략 지상주의' 였다. 그러나 풍토나 사원들의 모티베이션과 같은 눈에 보이지 않는 테마를 고려하지 않고 외과적인 수술만을 실행한 결과, 앞에서 기술한 것과 같은 뿌리깊은 모티베이션 위기를 불러오고 말았다. 경우에 따라서는 풍토를 바꾸는데 따르는 위험과 비용이 비즈니스 상의 기회손실 비용보다 훨씬 큰 경우가 발생하게 된다.

주주 지상주의의 모순

기업은 크게 나누어 3가지의 요소를 지향하면서 사업 활동을 전개한다.

그 세 가지는 바로 '고객' '사원' 그리고 '주주' 이다. 앞에서 기업과 사원의 관계가 악화되어 모티베이션 위기가 기업을 엄습하고 있다고 언급했지만 기업과 주주 관계 또한 이에 못지 않게 크게 변화하고 있음이 분명하다.

전후 고도 성장 시기에 기업들은 은행융자, 즉 부채를 활용하여 사업 규모를 지속적으로 확대시켜 왔다. 이 과정에서 기업의 주거래 은행, 주요 거래처, 그리고 창업자인 오너가 해당 기업의 대주주로 부상하게 되었다. 그 결과 기업의 사업 활동에 대해서 주주는 경영에 대한 감시 기능을 갖지 않는 상태가 지속되었다. 경영 보고의 장인 주주 총회조차 결국은 대주주 의사 결정을 동의해주는 것에 불과한 형식 절차에 불과했기 때문에 실질적으로는 그 누구도 감시 기능

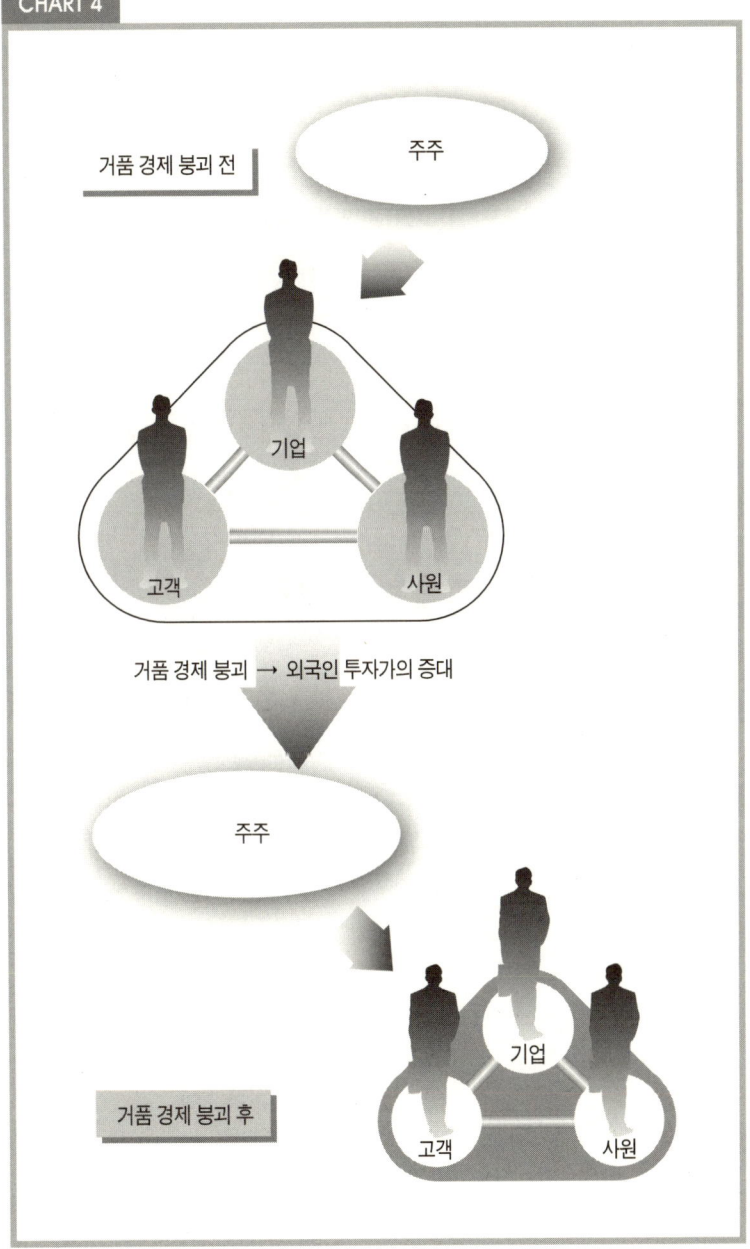

을 하지 않게 되었다.

그런데 시가 회계 제도의 도입으로 기업의 주주 구성에도 큰 변화가 일어나고 있다. 거품경제가 정점에 이르렀던 1989년을 경계로 우리나라의 평균 주가는 오늘날까지도 하락을 지속하고 있다. 최고 수치로부터의 하락률은 실로 70퍼센트 후반에 돌입하는 추세이다. 물론 상장되어 있는 모든 기업의 주가가 하락을 지속하고 있다고 말하는 것은 아니지만, 압도적으로 많은 숫자의 기업들이 주가 하락에 골머리를 앓고 있는 실정이다.

회계 측면에서 보면 주식을 보유하고 있는 기업도 단순히 그 기업의 주식을 가지고 있는 것만으로는 안 된다. 요컨대 보유하고 있는 주식의 가격이 올라가면 이익으로, 반대로 내려가면 손실로 매 분기의 이익에 가감하지 않으면 안 되게 되었다.

이러한 상황 속에서 기업이나 은행은 주식을 보유하기가 어렵게 되면서 보합권에 있는 주식을 해소하기 위한 매매를 가속화하게 되고 새로운 주식 보유 주체로서 외국인 투자가들이 대두하게 되었다. 그 결과 거래처와 주거래 은행을 중심으로 한 지금까지의 '말없는 투자가'가 아니라 '적극적으로 개입하는 투자가'로 기업의 주식보유 주체가 급속하게 바뀌게 되었다.

기업의 보유자인 주주에 대하여 경영진 측이 집행 책임을 지는 것은 당연하다는 구미의 풍조가 상륙한 것이라 할 수도 있겠지만, 여기에는 분명히 문제가 있다. 미국에서는 회계 부정에 의한 분식결산이 대표적인 예가 되겠는데, 단기적인 머니 게임이 지배하는 세상에서는 결국 고객이나 사원이라는 일상의 담당자가 빠져버리는 결과가 초래된다. 고객과 사원이 소멸해버린다면 기업을 보유할 대상이 없어져 버리는 것이다.

주주는 기업을 지배하고 이익을 요구할 권리를 가진 존재임에 분명하다. 그 점을 부정할 의도는 전혀 없다. 그러나 수익의 원천인 고객들의 만족이 향상되고 나아가 이 고객들을 접하는 사원들의 모티베이션 문제가 먼저 해결되어야만 이들 주주의 이익도 지켜질 수 있다.

오늘은 사들이지만 내일은 팔아 치워버려 주식을 갖고 있지 않는 얼굴 없는 투자가들로 인해 경영자가 이리저리 휘둘리는 상황은 기업의 경쟁력을 약화시킬 뿐만 아니라 간접적으로 부정이나 부도덕함을 촉진시켜 결과적으로 수많은 투자가들의 손실을 발생시키는 사태로 이어지게 된다는 점을 반드시 고려해야만 한다.

장기적으로는 고객 만족과 사원 만족을 향상시키고자 노력하는 기업의 업적이 향상되고 주가도 이에 연결되는 것임에 분명하지만, 중장기적인 이익과 단기적인 이익 간의 딜레마, 그리고 당사자와 투자가의 정보 격차 등 극복하지 않으면 안 될 장벽도 대단히 많다. 현재는 기껏해야 개개 임원의 보수를 뜯어고치자는 논의에 불과하지만, 무릇 주주 지상주의 경영을 깊이 파고들어 가보면 일상의 당사자인 고객과 사원들 입장에서 보면 요점을 빗나가도 한참 빗나간 시책을 주주로부터 요구받고 있다는 구도에 도달하게 된다. 이러한 구도에서 보면 한 회사의 사원은 개인 주주로서 다른 회사의 주식을 인터넷에서 구입하고 곧 '폼 잡는 주주'가 된다. 그 회사의 사원은 곧 또 다른 회사의 주주가 되고… 이러한 상황은 '무책임의 연속'과 다를 바 없다. 이런 상황에서 정녕 기업 활동의 활성화가 가능할 것인지는 의문이다.

시장 상황이 악화되면서 기업들은 업적 하락에 직면, 상품과 서비스의 제공 방법을 개선해야 하는 압박을 받고 있다. 그런데 시가 회계 제도의 도입으로 주주에 대해서도 능숙하게 대처하는 방법을 몸에 익히지 않으면 안 되게 되었다. 그리고 자사 내의 모티베이션 위기에 대한 대응도 화급한 과제가 되었다. 기업 경영에 관련된 근원적인 문제인 "기업의 존속 요건은 무엇인가?" "이익의 원천은 무엇인가?" "과연 누구를 기업 활동의 주체라고 할 수 있는가?" 등등의 질문을 자문자답하면서 복잡한 상황 속에서 우선 순위를 결정해 나가야 하는 시대가 되었다.

혼란에 빠진 성과주의 인사 제도

거품 경제 붕괴 이후 인사 관리 영역에서는 모두 알다시피 다양한 시책이 도입되고 실행되어 왔다. 업적이 하락하고 인건비 부담이 증가하는 속에서 종래의 인사 관리 방법을 개선하여 인건비를 변동비로 바꾸거니 성과주의 인사 제도를 도입하는 기업이 급증하였다. 그러나 인사 제도만 변경하면 회사에 활기를 불어넣어 업적 향상이 이루어질 것으로 기대하였던 경영자의 잘못된 사고는 완전히 빗나가게 되었고, 그 성과에 의문을 표시하는 소리가 끊이지 않고 있다. 이와 같이 인사 분야에서도 생각만큼 새로운 시스템의 성과가 실현되지 않고 있어 머리를 싸매고 혼란에 빠져 있는 기업이 대부분이다.

좀더 근본적으로 소급해서 생각해 볼 필요가 있다. 도대체 성과주의란 무엇인가? 세습형 기업을 제외하면 어떤 의미에서는 대부분의 기업이 과거부터 계속하여 성과주의의 토대 위에서 움직여 왔다고 말할 수 있다. 이렇게 말하면 위화감을 느끼는 독자도 많이 있겠지만, 연공서열형 인사 제도와 성과주의 인사 제도의 차이는 같은 연차에 비해서 승진이나 승급의 차이가 커져가고, 그 차이가 현실화되는 속도가 빨라졌을 뿐이라는 해석도 가능하다. 외부 환경의 변화가 극심해져, 이제 기업은 종래와 같이 장기간 동일한 구조만으로 모든 사원들을 대우하는 것이 전혀 합리적이지 않게 되었다. 그 결과 1990년대 중반 이래 많은 기업들이 평가와 보수 결정의 규칙을 변경하는 대열에 속속 합류하게 된 것이다.

그러나 성과주의 인사 제도를 사원에 대한 평가와 보수의 규칙 변경으로만 본다면 여기에는 근원적으로 딜레마가 내포되어 있는 점에 주목해야 한다.

그 딜레마란 '규정' 자체가 지니는 '불명확성' '비효율성' '경직성' 이라는 숙명이다.

'불명확성' 이란 규정을 아무리 상세하게 정해 놓아도 결코 현실적으로 일어나는 모든 사태를 '분명하게 할 수는 없다' 는 점을 가리킨다.

미국에서 실제로 일어나 널리 알려진 사건인데, 물에 젖은 고양이를 말리려는 생각에서 고양이를 전자 레인지에 넣고 가동시켰다가 결국 고양이를 죽게 만든 주인이 전자 레인지 메이커를 상대로 소송을 제기하였다. "설명서에 '전자 레인지에 고양이를 넣지 마시오' 라고 명시되어 있지 않았다" 라는 이유였다.

이 전자 레인지 메이커는 그 후 고양이에 관한 주의 사항을 삽입했을까?

만일 그러한 사항을 삽입시킨다면 이번에는 "개는 어떻게 되고 잉꼬는 어떻게 되는가" 라는 말이 나오게 된다. '동물' 이라는 표현으

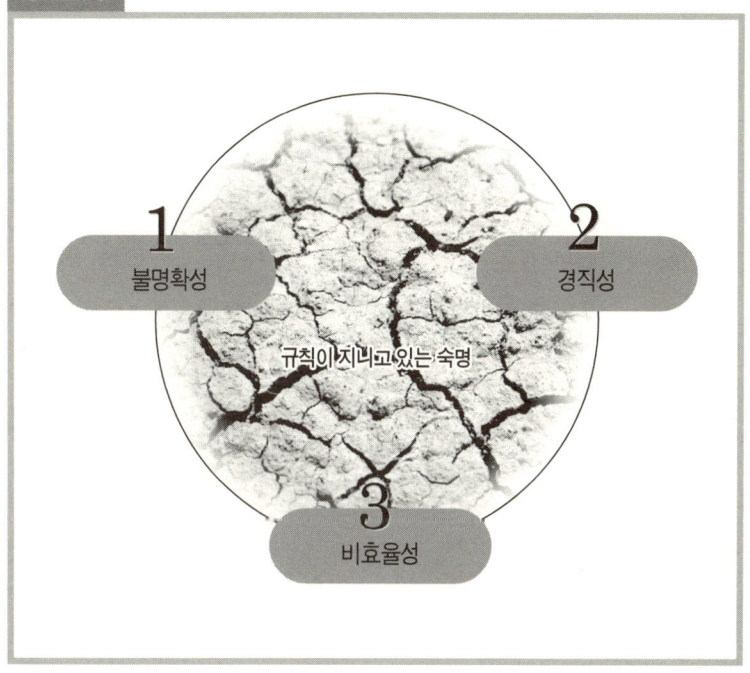

로 삽입하기도 쉽지 않은 문제이다. "쇠고기가 돼지고기는 어떻게 되는가"라는 논의가 벌어지기 때문이다. 요컨대 규정이란 아무리 세세하게 정한다고 해도 한이 없으며, 완벽하게 상정하기가 불가능한 복잡한 미래를 규정으로 제어하기란 더더욱 어렵기 때문이다.

성과주의도 예외가 없도록 완벽한 규정을 정하여 운용하려 들면, 이와 동일한 상황에 빠지기 마련이다. 성과주의에 있어서 평가는 개인 단위로 수행되지만, 각자의 사원이 처한 환경은 완전히 서로 다르기 때문이다. 서로 다른 환경을 '예외의 예외'에 이르기까지 포함시켜 사전에 규정해 두려고 하면 할수록 "이런 경우에는 어떻게 해야만 되는가" 하는 '불분명' 한 부분이 더욱 늘어날 뿐이다.

앞에서 예로 든 고양이 일화를 인사 문제로 바꿔 생각해 보자. 어느 회사에서 육아 휴직을 취득한 사람은 원직 복귀를 기본으로 하고 있다고 하자. 그런데 그 대상자가 복수의 부서에서 두 가지 일을 동시에 하고 있었다면, '원직'이 어디를 가리키는가 하는 문제가 발생한다. 육아 휴직을 취득하는 일이나 복수의 부서에서 겸직하는 일은 모든 사람들에게 일어날 수 있는 상황은 아니다. 이러한 일은 대단히 드문 경우라고 할 수 있다. 따라서 이러한 경우에 대해서 어떤 시책을 결정해 놓더라도 그 부분은 '불분명'할 수밖에 없는 것이다.

이번에는 평가에 대해 생각해 보자. 예를 들어 북미에서 해외 영업을 담당하는 경우를 생각해 보자. 지금까지는 이곳의 경제 환경이 세계의 다른 지역과 비교하면 압도적으로 양호하여 높은 목표를 설정할 수 있었다. 그러나 미국 내 동시다발 테러와 같은 불행한 사건으로 급속하게 환경이 악화되면 이제 평가는 어떻게 이루어질 것인가? 테러와 같은 돌발적인 사건, 사고에 대하여 사전에 세밀한 사항에 이르기까지 규정을 만들어 두지 않는다면 평가는 '불분명'하게 되어버릴 것이다.

그리고 규정은 '비효율성'이라는 숙명도 마찬가지로 지니고 있다.

사전에 '예외의 예외'에 대해서까지 규정을 정해 놓으면 가능한 한 '불명확성'을 제거하려는 압력은 해소된다. 그러나 바로 그로부터 근원적인 문제가 발생한다. '불명확성'을 없애려고 하면 할수록 규정 자체의 복잡도가 증가하여 그 운용 과정에서 견딜 수 없는 '비효율성'이 발생해버리기 때문이다.

규정을 정해 놓는 것의 장점은 완전히 결말이 나지 않아 혼란스러

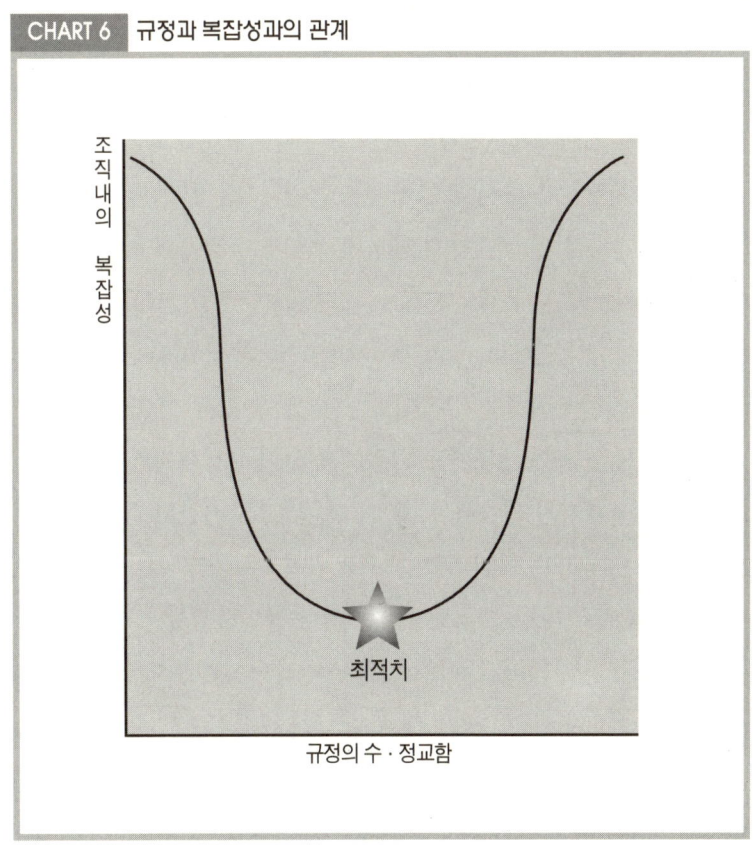

CHART 6 규정과 복잡성과의 관계

조직 내의 복잡성

최적치

규정의 수 · 정교함

운 복잡한 상황을 정리하고 단순화시켜 누구나 알기 쉽도록 하는 데 있다. 적은 인원으로 시작한 벤처 기업이 그 수가 어느 정도 증가한 시점에서 인사 제도를 필요로 하는 이유는 아무런 규정 없이 사장의 어림짐작으로 인사를 운용할 수 있는 인원수에는 한계가 있기 때문이다. 모든 업무 사항에 규정이 정해져 있다면 역할과 책임이 명확해지고 업무 과정에서 사원 개개인이 혼자 자립적으로 판단할 수 있어서 일일이 사장에게 확인할 필요가 없게 되는 이점이 있다.

Chart 6에서와 같이 규정이 엉성한 상태로부터 상세한 상태로 진행되는 것을 횡축으로 한다면 어느 일정 선까지는 규정의 상세 정도가 증가해 감에 따라 상황의 복잡성은 하락한다. 그러나 일정 선을 넘으면 복잡성은 다시 상승 곡선을 그린다. 불명확성을 배제하려고 지나치게 규정을 상세하게 만들면 오히려 복잡성이 증가하게 되어 운용상의 어려움에 직면하게 된다.

따라서 이 전환점(Turning Point)이 성과주의를 단순하게 만들어 운용하기 쉽게 해주는 최적의 값이라 할 수 있다. 평가 항목이 증가하고 그에 따른 판단 기준도 다양하게 되어 복잡해지면 인사 부서나 현장의 관리자가 평가하는 데에 그만큼 많은 시간이 걸리고 당연히 평가를 담당하는 인원도 늘어나게 되어 인적 코스트가 증가하게 된다. 법률은 상세하게 규정해놓는 것이 당연하겠지만, 그렇게 하자니 예외 규정도 많아질 수밖에 없다. 따라서 대부분의 일반인들은 법률을 이해하기 어렵기 때문에 이를 해독하여 판단할 수 있는 판사라는 전문가를 필요로 한다. 전문가가 있더라도 규정 자체만으로 운용할 수 없어 과거의 판례에 비추어 판단을 내리곤 한다. 이것을 기업의 경우에 대입하여 생각해 보자. 평가 제도를 운용하기 위한 전문직이 필요하게 되고 그는 사원의 행동이나 사원들이 처한 환경의 변화에 일상적으로 관심을 기울여야만 한다. 그런데 틀림없는 판단을 내리기 위해 정작 선수보다 심판이 더 많아지는 이상한 사태가 발생하기 십상이다. 이렇게 되면 "한정된 자원을 효율적으로 사용한다"는 성과주의의 목적에 비추어 볼 때 정말 무의미하기 짝이 없는 결과가 된다.

성과주의가 시행되고 있는 양상을 고찰해 보면 대기업일수록 '가능한 한 물 샐 틈이 없도록' 하려다 보니 복잡한 규정을 만드는 경향에 젖어 있음을 알게 된다. 규정이 없어 효율이 떨어지는 문제를 내포하고 있는 벤처 기업과는 정반대로 많은 대기업들이 규정을 정해놓고서도 이를 목적한 대로 운용하지 못하는 딜레마에 빠지는 원인을 바로 여기에서 찾을 수 있다.

또한 규정에는 '경직성'이라는 숙명이 있다. 본래 애매한 것을 확실하게 하기 위하여 규정을 설정하는 것인데, 일단 규정 자체가 정착되면 이번에는 오히려 전제 사항이 되어버려 기업으로 하여금 환경 변화에 뒤쳐지게 만든다. 규정이 일단 많은 사람들에게 받아들여지면 그 규정이 환경에 맞지 않아 바꾸고자 할 경우 막대한 시간과 노력이 들어간다. 환경의 변화가 극심해져 적시에 상황에 대응해야 하는 기업에 있어 규정으로 인한 사원들의 사고나 행동에 있어서의 경직성은 커다란 위험 요소가 된다.

성과주의 인사 제도가 현실에서 제대로 기능하지 못하는 이유는 그 사상에 있기보다는 제도, 즉 규정이 갖는 숙명적 딜레마를 잘 이해하지 못하여 규정을 최적의 제도로 설계하고 운용하는 데 실패하기 때문이다.

그렇다면 '불명확성' '비효율성' '경직성'이라는 숙명을 지니고 있는 규정을 어떻게 이해하고 접근해야 기업이 변혁을 잘 수행할 수 있을까?

개인 환원주의(Atomism)의 한계

　성과주의 인사 제도가 기능적으로 불완전한 데에는 규정이 안고 있는 세 가지의 숙명(Chart 5 참조)만이 원인인 것은 아니다. 여기에는 근본 사상으로서 개인 환원주의의 한계라는 것이 자리하고 있다.

　성과주의를 도입하여 지금까지 전체 사원에게 이익을 공평하게 배분하는 식의 '불공정'을 버리고 회사에 공헌한 정도에 따라 배분에 차등을 둔다는 '공정성'을 확보하고자 한다. 성과주의에서는 우수한 평가를 받은 사원의 경우 모티베이션이 올라가겠지만, 그렇지 못한 사람은 '더욱 분발해야지'라고 의욕을 불태우거나 혹은 '때려치워야지' 하는 선택을 하는 사람도 있을 것이다. 성과가 오르지 않거나 혹은 모티베이션이 전혀 없는 사원이 스스로 회사를 떠나주는 것은, 이전부터 일률적으로 급여를 올려온 기업 입장에서는 코스트 측면에서 크게 환영할 만한 일이었다. 이런 측면에서 보면 성과주의 인사 제도가 기업에게는 한정된 자원을 유효하게 사용하도록 해주는 '마법의 지팡이'이라 해도 틀리지 않을 것이다.

그러나 실제로는 "성과주의를 도입했는데 사원들의 모티베이션은 오히려 저하되어 버렸다"고 말하는 기업이 결코 적지 않다. 그 원인을 깊게 들여다보노라면 성과주의의 근저에 있는 개인 환원주의에 한계가 존재하기 때문에 이러한 일이 발생한다는 것을 알 수 있다.

첫번째, 집단의 성과를 개인에게로 요소 환원(要素還元)을 하는 것, 즉 원자론(Atomism)에 한계가 있다. 여기에는 "전체의 성과는 개개인에게로 환원될 수 있다" "개인의 성과를 측정하는 것이 가능하다"라는 이중의 오류가 존재한다. 일부의 전문적인 업무를 제외하면, 기업 사회에서 대무문의 업무는 팀 난위로 밭을 살고, 팀 난위로 씨를 뿌리며, 팀 단위로 수확을 하는 농경사회 방식으로 진행된다. 개인의 성적이 숫자에 의해서 드러나는 영업 부문에서조차 그 배후에 우수한 상품 개발팀이나 지원팀이 있어야만 비로소 개인들이 높은 성과를 올릴 수 있다. 하물며 관리 부문의 경우 성과주이를 적용하기는 대단히 어렵다. 업무는 크든 작든 팀에 의해 협동으로 수행되는 게 일반적이다. 따라서 팀에서 올린 성과, 혹은 놓친 기회를 개인에게 할당하여 이를 평가하려 한다는 것이 어렵다는 점은 분명하지 않은가! 성과주의는 방대하게 서로 얽히고 설킨 업무 프로세스 관계를 개개인으로 환원하여 무리하게라도 성과를 측정하려 드는 것이다.

두번째, 개인의 성과를 그가 처한 환경과 따로 분리시켜 측정할 수 있는가 하는 문제가 대두된다. 맡고 있는 영업 분야가 불황에 허덕거려 개인이 아무리 노력을 해도 매출을 올릴 수 없는 경우가 있

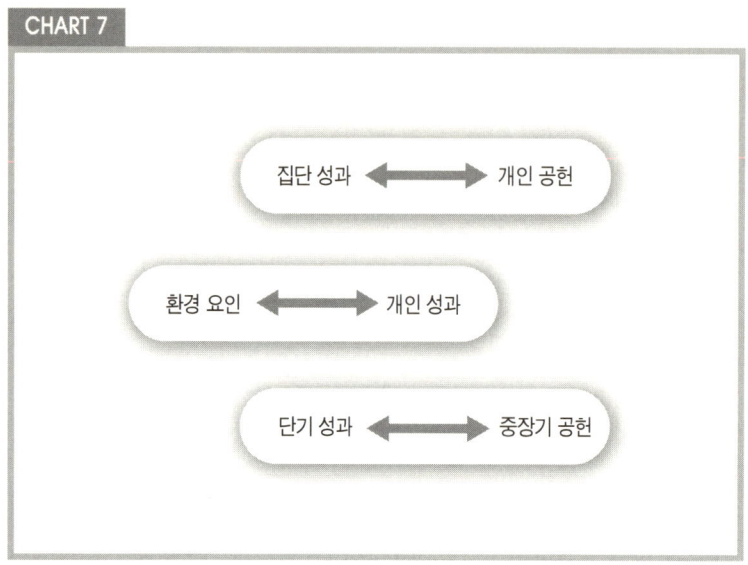

는가 하면 담당하는 업계가 시대적 바람을 타고 호황을 누려 그다지 노력을 하지 않아도 성과가 올라가는 경우도 있다.

또한 개인적으로 영업 성적이 뛰어나며 새로운 시스템 개발을 기획·수립하는 일에도 발군의 실력을 보여주는 사람이 정작 후배 사원의 교육에는 전혀 신경 쓰지 않고 있다는 식의 얘기도 자주 듣게 된다. 반대로 업무를 확실하게 소화하지 못해 일일이 지도해줘야만 하고 영업성적도 도무지 신통하지 못한데 정작 팀이 정한 일을 할 때에는 빠뜨리지 않고 잘 하는 인재도 있다.

개인적으로 올린 성과에만 조명을 비추는 성과주의로는 충분히 평가하기 어렵다. 개인을 둘러싸고 있는 환경이라는 측면, 숫자로 나타내기 힘든 눈에 보이지 않는 공헌, 그리고 업무 프로세스 등을 고려하지 않는 성과주의는 사원들의 불만을 초래한다. "경기가 나쁜 업계만을 할당받았다" "후배의 교육이라니 그런 쓸데없는 데 시간을 할당할 수는 없다" "고객은 내 업무에 만족하는데 무슨 소리야" 라는 식의 부정적 사고를 확대시키는 결과에 빠진다.

'집단 성과' 와 '개인 공헌' 의 균형, '환경 요인' 과 '개인 성과' 의 균형, 그리고 '단기 성과' 와 '후배 지도 등의 중장기 공헌' 의 균형 등, 모든 복잡한 균형이 이루어지는 가운데 기업은 단기 및 중장기 발전이 가능해진다. 이러한 균형으로부터 편향되어 과도하게 각광을 받는 정책은 그 반작용으로서 '무미건조한 조직' '무미건조한 인간관계' 로 조직을 변질시켜 결국에는 활성화된 조직과는 아주 거리가 먼 기업으로 전락시켜 버릴 위험성이 높다.

막연히 전체를 개별석 요소로 '분해하여' 생각하고 개개인의 자립을 요구해 온 것이 1단계라고 한다면 인사 분야에서는 '요소를 연결하고 묶어서 생각하는' 독자적 개인들 상호간의 협력이라는 2단계로 돌입할 시기가 이미 시작되고 있다.

인재 유동화의 충격

　전략 지상주의 혹은 주주 지상주의를 '전략과 주주의 이익이 무엇보다 우선한다' 는 사고라고 간주한다면 여기에는 사실 구조적으로 대단히 커다란 문제가 발생한다. 사업 전략과 회사 이익이라는 전체 이익을 중시할 뿐 사원이라는 '개인' 의 의지와 목적은 무시되어 버리기 때문이다.
　조직은 사람의 집합체이고 따라서 여기에서 숙명적으로 '조직의 목적 달성' 과 '개인의 욕구 충족' 사이에서 갈등이 생겨나기 마련이다. 이 갈등 속에서 절묘한 균형을 취하면서 양자의 상호 이익을 실현해 가야만 기업이 성장을 할 수 있다. 더구나 인재 유동화라는 환경 변화가 기업으로 하여금 양자 사이의 균형을 취하도록 강력하게 요구하고 있다. 인재들이 고정되어 있지 않고 유동하고 있는 지금 기업이 균형을 잃게 되면 곧바로 인재들은 회사를 떠나기 때문이다. 전략 지상주의 혹은 주주 지상주의라는 사고 방식 아래에서는 이러한 균형이 붕괴되어 버린다.

전략이란 그 기업이 전체적으로 어떠한 방향을 지향할 것인가를 결정하는 일인데, 전략을 중심으로 사고할 경우 인사는 전략에 종속된 상태가 된다. 인사란 개인이 지향하는 방향을 결정해 주는 일이기 때문에 이렇게 되면 개인은 전체에 종속되는 결과가 된다.

많은 전략을 필요로 하는 기업이란 침몰하기 직전의 배와 같다. 어떻게 해서든지 침몰을 막기 위해서 선장의 지시에 따라 물을 퍼내고 혹은 배를 수리하느라 분주하게 움직여야 한다. 이처럼 생명이 위기에 빠진 상태에서 개인은 '참을성'이 강해야 한다. 설사 하기 싫은 일이라도 회사를 위해서 해야 하며, '개인'을 억제하고 전체를 생각해야 한다. 그렇게 하지 않으면 순식간에 배는 물 속으로 가라앉게 된다. 경쟁 기업에 시장을 빼앗기고 점차 쇠퇴하는 기업이 바로 그런 경우에 해당한다.

그런데 사원들을 따르게 하려고 필사적으로 '찬바람'을 불러일으키는 수법을 취하는 기업이 많다. 이는 전시 체제로 몰고 가는 전체주의나 다름없다. 전시 체제에서는 좋든 싫든 징병되면 이에 따라야만 한다. 하지만 동화 속의 이야기처럼 나그네의 두툼한 외투를 벗길 수 있는 것은 결국 따뜻하게 내리쬐는 '햇볕'이다. 강제적으로 '인내하도록' 종용하는 것은 긴 안목에서 보면 효과가 없다.

특히 인재 유동화의 시대에는 전시 체제의 징병과는 달리 '거부'하고 싶으면 언제든 거부할 수 있다. 다시 말해서 '하고 싶지 않다'고 생각하면 언제든 회사를 '사직'하는 선택을 할 수도 있다. '찬바람'이 강하면 강할수록 사원들은 기대한 바대로 움직이지 않고, 오히려 다른 길을 선택할 수밖에 없게 된다. 그렇기 때문에 강경한 전

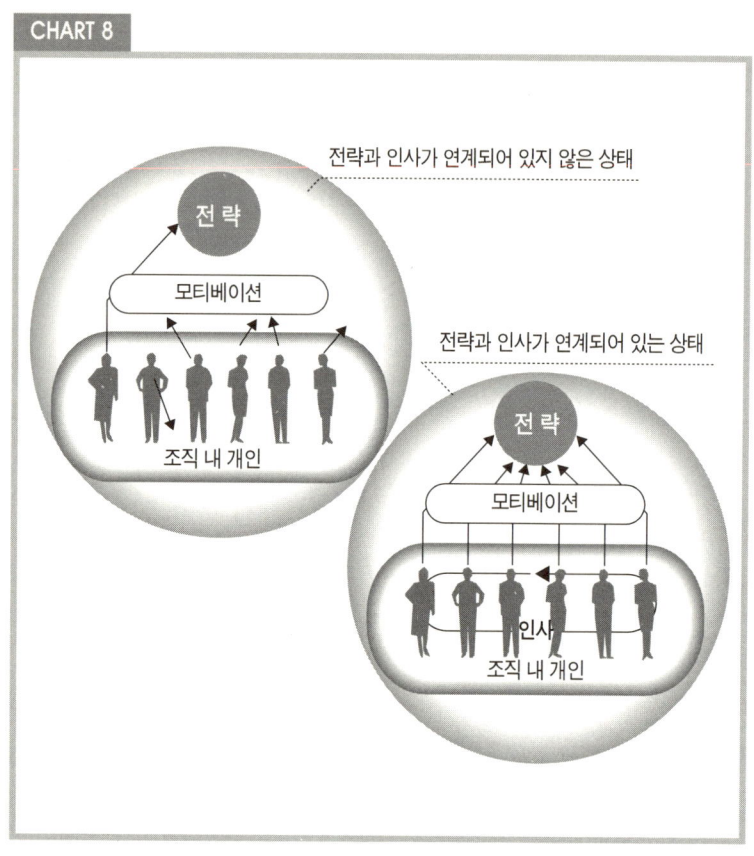

략을 지속적으로 취한다면 결국에는 전략이라는 배는 남아 있는데 이 배를 움직일 선원들은 아무도 남아있지 않게 되는 상황이 벌어지게 된다. 수많은 인재가 사외로 유출되고, 이를 보충하기 위하여 채용을 반복하다 보면 비용이 급상승할 가능성도 있다. 따라서 기업은 인재 유동화 시대의 도래를 이제까지 경험하지 못한 새로운 위기 요인으로 포착하지 않으면 안 된다.

전략과 인사, 달리 말하면 사원들의 모티베이션은 상호 보완 관계에 있다는 점이 중요하다. 개인을 무시한 채 전략을 세우고, 이를 그들에게 실행하도록 아무리 강제하여도 최대의 효과를 올릴 가능성은 전혀 없다. 제각기 다른 곳을 향하고 있는 개인들을 무리하게 동일한 방향으로 향하도록 할 것이 아니라, 전략 그 자체를 개개인들이 납득하고 수용할 수 있도록 커뮤니케이션을 취해 나가는 것이 최선이다. 만일 구성원들이 제각기 다른 방향을 취하고 있다면 전략을 구축하기에 앞서 사원 모두가 공통적으로 지니고 있는 비전을 만들어가는 인프라를 구축하는 것이 급선무이다.

인재 유동화라는 환경 변화는 기업에게 커다란 위기가 되고 있지만, 경우에 따라서는 새로운 성장 기회가 될 수도 있다. 기업과 개인의 'Win-Win' 관계를 구축하는 데 성공한 기업은 압도적인 파워를 획득하여 경쟁사에 비해 경쟁 우위를 확보할 수가 있다.

이 책에서 우리는 이러한 새로운 위기 요인을 성장의 엔진으로 만들 수 있는 관점을 제공하고자 한다.

좋은 책은 독자와 함께 만듭니다.
엽서를 보내 주시면 일빛의 독자 회원으로 모시겠습니다.

- **구입한 책 제목**

- **구입한 서점**

- **구입한 동기** (해당 란에 V표시)
  - □ 주위의 권유 [로부터]
  - □ 서점에서 우연히 눈에 띄어서
  - □ 신간 안내나 서평을 보고 [에 실린 글]
  - □ 선물로 받음 [에게서]

- **구입한 날짜**   년   월   일

- **구입하신 책에 대한 소감**(내용·제목·표지·색깔)이나 도시출판 일빛에 하고 싶은 말씀을 적어주세요.

- **앞으로 출간을 바라는 책의 분야가 있습니까?** (해당 분야에 V표시)
  - □ 한국사   □ 세계사   □ 수필   □ 소설   □ 철학
  - □ 예술   □ 고고학   □ 교양 상식   □ 기타(   )

- **독자 회원란**

이름	성별	나이

  1. 생년월일 |
  2. 직업 |
  3. 전화 | E-mail |
  4. 요즘 읽은 책 중 다른 사람에게 권하고 싶은 책 |
  5. 구독 신문·잡지 |

우편요금
수취인후납부담

발송유효기간
2002.1.22~2004.1.21

마포우체국 승인
제557호

낮빛 도서출판

서울시 마포구 서교동 339-4(2층)
유니텔 ilbit@unitel.co.kr

121 - 837

자르는 선

우편엽서

보내는 사람

MOTIVATION COMPANY

Chapter 2

모티베이션의 정체

Motivation Identity

- '보상의 매력' X '획득 가능성' = 모티베이션의 크기
- 보상 재원이 소진되었다
- '돈'과 '직위'만으로는 일하지 않는다
- 주문의 속박에서 해방된 기업과 개인
- 기업 내부에서 새로운 보상을 만들어내자

'보상의 매력' × '획득 가능성' = 모티베이션의 크기

　많은 기업들이 모티베이션 위기라는 사태에 직면하고 있는 배경에는 사원들의 모티베이션에 관련된 구조적인 문제가 숨겨져 있다. 1장에서 서술했듯이, 기업이 조직인 이상 크든 작든 '조직의 목표 달성'과 '개인의 욕구 충족' 사이에 충돌이 있기 마련이다. 따라서 이 양자를 결합시키는 매개체 역할로서 '보상'이라는 존재가 반드시 필요하게 된다. 다시 말해서 사원으로부터 조직의 전체 목표 실현과 연결되는 공헌 활동을 끌어내기 위해서는 개인에 대한 어떤 반대 급부, 즉 '보상'이 불가피하다.

　'사원이 조직에 제공하는 공헌 활동'과 '조직이 사원에게 제공하는 보상', 이 두 가지의 가치 교환 상태가 균형을 취하고 있다면 모티베이션 위기는 일어나지 않는다. 한 가지 주의할 점은 여기서 말하는 '보상'이 꼭 '금전적 보상'만을 의미하지는 않는다는 것이다. 사원이 매력적이라고 느낄 수 있는 물건이나 일까지를 포괄하는

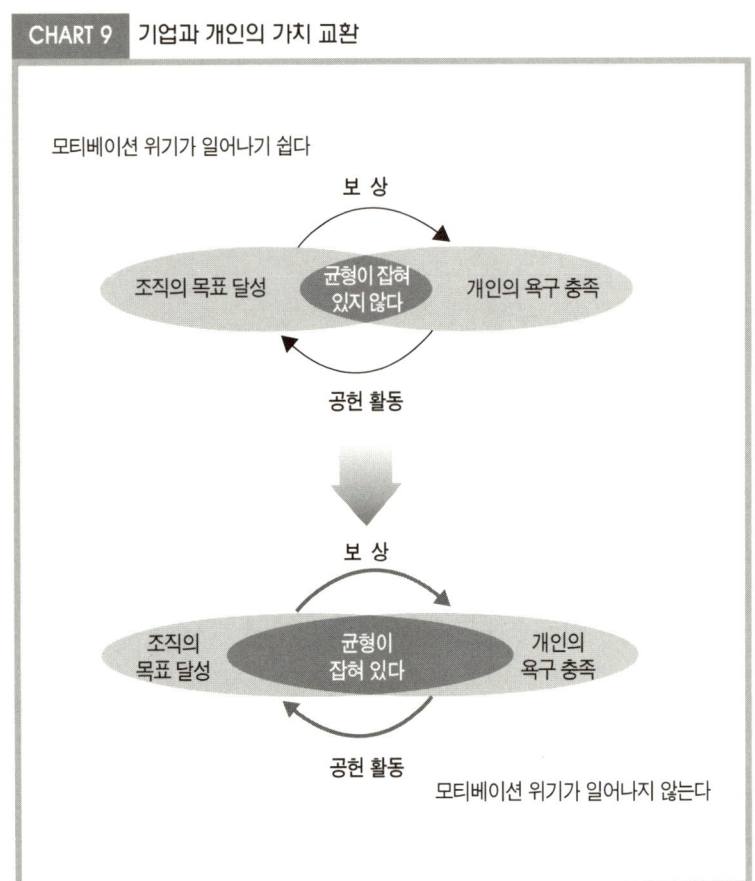

CHART 9 기업과 개인의 가치 교환

'광의의 보상'으로 파악할 필요가 있다.

그렇다면 각각의 개인들이 어느 정도씩 자신의 욕구를 통제하면서 조직을 위한 공헌 활동에 의욕적으로 나서는 모티베이션은 과연 어떻게 생겨나는 것일까? 기대 이론에 의하면 사람의 모티베이션의 크기는 '목표의 매력' × '달성 가능성'에 의해 결정된다고 한다. 기업 조직에서는 이를 '보상의 매력' × '획득 가능성'으로 바꿀 수

CHART 10 모티베이션의 메커니즘

있다.

'보상'이 받아들이는 사람에게 매력적이면 매력적일수록 그는 공헌 활동에 대하여 높은 모티베이션을 발휘하게 되고, 보상의 획득 가능성이 높으면 높을수록 모티베이션은 더욱 더 자극된다. 거꾸로 보상 자체에 매력이 없다면 조직에 유효한 행동을 불러일으킬 수 없다. 사람이란 자신에게 매력적이지 않은 일에 에너지를 사용하려고 하지 않기 때문이다.

그리고 설령 보상의 매력이 크다고 해도 획득 가능성이 극단적으로 낮으면 높은 모티베이션을 이끌어내어 지속시키기가 어렵다. 이 경우 '도대체가 획득할 수 없다'라는 체념의 심리가 모티베이션을 억눌러 버린다.

이렇게 '보상의 매력'과 '획득 가능성', 이 두 가지를 곱한 값이 '조직 목적의 달성'과 '개인 욕구의 충족'을 결합시키는 원동력이 된다.

이와 같은 메커니즘을 염두에 두면서 현재 많은 기업을 엄습하고 있는 모티베이션 위기의 구조적 요인을 살펴보도록 하자.

보상 재원이 소진되었다

우선 모티베이션 위기를 초래한 첫번째 원인으로 '보상 재원'이 구조적으로 부족하다는 점을 들 수 있다. 많은 기업들이 수익 저하나 구조 조정에 의한 조직 축소로 인해 '보상'의 대표격인 '금전 보상 – 돈'과 '지위 보상 – 직위'를 사원들에게 충분히 제공할 수 없는 상태에 빠져 있다.

종래 기업이 사원에게 제공하여 왔던 보상의 근간은 두 말할 필요도 없이 금전 보상과 지위 보상, 다시 말해 '돈'과 '직위'였다. 기업은 조직적 목적 달성에 성과를 낸 사원에게 승급과 상여, 혹은 승진이나 승격이라는 형태로 보답해왔다. 사원측에서도 수입이 증가함에 따라 보다 풍요로운 소비 생활을 실현하고 권한이 확대됨에 따라 책임 있는 고차원적인 업무를 담당하는 것으로 조직 내에서의 자기 실현 욕구를 만족시킴으로써 동기 유발을 지속시킬 수 있었다.

결론적으로 기업은 시장으로부터 거두어들인 이익의 일정 부분을

CHART 11

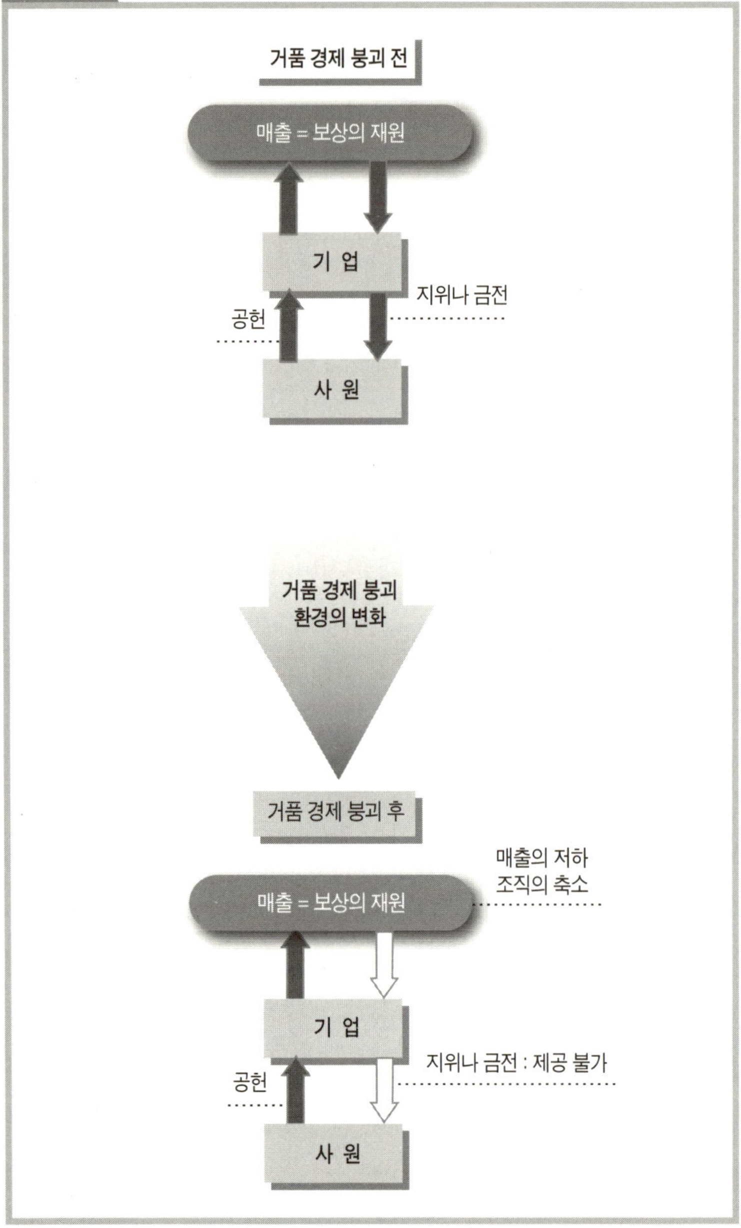

거품 경제 붕괴 전

매출 = 보상의 재원

기 업

공헌   지위나 금전

사 원

거품 경제 붕괴
환경의 변화

거품 경제 붕괴 후

매출 = 보상의 재원   매출의 저하
                            조직의 축소

기 업

공헌   지위나 금전 : 제공 불가

사 원

사원들에게 제공하는 금전 보상으로 변환하고 조직 규모를 확대함으로써 지위 보상을 만들어 왔다. 이러한 보상을 공헌 활동에 대한 반대 급부로서 사원들에게 제공하여 왔다. 달리 말하면, 지금까지 기업은 고도 성장이라는 윤택한 시장으로부터 사원에게 제공하는 '보상 재원'을 조달했던 것이다.

그러나 이러한 구도는 거품 경제의 붕괴, 규제 완화, 국제 경쟁의 심화, IT 혁명, 소비자 니즈의 다양화 등을 계기로 급속하게 붕괴되기 시작하였다. 고도 경제 성장은 전적으로 과거의 영광일 뿐 국내 시장에 낯선 외국 기업까지 뛰어들고 있는 지금의 경쟁 상태는 기업 경영의 선행 지표들을 극히 불분명하게 만들고 있다. 오늘 '승리'를 거둔 기업이 내일도 '승리'할 것이라는 보장은 전혀 없다.

결과적으로 사원들에게 제공하고자 하는 '보상 재원'을 시장으로부터 지속적으로 조달하기가 점점 더 어려워지고 있다.

매출이나 이익이 상승하지 않으면 금전 보상을 높여줄 수 없다. 그뿐 아니라 일부 급성장을 이룬 기업을 제외하면, 조직 축소에 따라 '직위의 수(지위 보상)'는 전체적으로 감소 추세에 있다. 이전에는 입사 후 '몇 년이면 계장' '몇 년이면 과장' 하는 식으로 직위를 일정 정도까지 거의 전 사원에게 적용하여 끌어올려 줄 수 있었지만, 현재와 같은 조직 규모의 축소 혹은 슬림화가 진행되는 추세 속에서는 사원에게 제공할 수 있는 직위 보상이 부족한 상태에 빠지는 것은 필연이다.

이러한 문제를 해결하고자 1993년 이후에 당시의 연공서열형 인사 제도를 개정하여 실력주의(성과주의) 인사제도를 도입한 기업이 증가하였다. 이들 기업은 보상의 재원이 감소함에 따라 높은 성장을 보이는 인재나 중요한 역할을 담당한 인재에게는 보다 많은 보상을 해주고, 반대로 성과가 빈약한 직원이나 대체 가능한 인력에게는 수입 감소까지 강요하고 있는 실정이다.

이는 한편으로는 합리적인 제도 변혁이라 볼 수 있지만, 다른 한편으로는 그 속사정을 들여다 보면 상당히 위험한 것이다. 이에 대해서는 1장에서 자세하게 서술하였듯이 제도 자체의 미비나 한계, 혹은 운용 과정에서 사원을 납득시키지 못하고 오히려 그들의 모티베이션을 저하시키게 된 기업도 많다. 결국 인건비를 변동비화했다는 효과는 달성됐지만, 모티베이션의 문제 해결까지는 전혀 연결되지 않고 있다.

모티베이션 크기 결정 메커니즘(= '보상의 매력' × '획득 가능성')에 비추어보면, 사원들에게는 외부 환경 요인(시장 상황)이나 내부 회사 요인(제도 미비)에 의해서 '보상의 획득 가능성'이 현저히 저하되고 있는 것이 현실이다.

이러한 상황 속에서, 수많은 기업들이 사원의 모티베이션 위기라는 사태에 직면하게 되는 것은 너무도 당연하다.

'돈'과 '직위' 만으로는 일하지 않는다

 그렇다면 '돈 = 금전 보상'과 '직위 = 지위 보상'을 제공한다면 사원의 모티베이션이 올라가는 것일까? 그렇게 간단히 말할 수 없는 현실이 문제를 복잡하게 만든다. 기업이 직면하고 있는 모티베이션 위기를 "보상 재원이 구조적으로 부족하다"는 '기업측의 경제적 사정' 만으로 모두 설명할 수는 없다. 사실은 보상을 받아들이는 쪽의 의식, 다시 말해 '회사나 업무에 대한 사원의 의식 변화'가 모티베이션 위기를 한층 더 심각하게 만들고 있다.
 지난 수십 년 동안 직장인 의식에는 커다란 변화가 있어 왔다. 특히 20대와 30대 전반의 젊은 층에서 그 변화는 두드러진다. 이들은 "입사 후 3년은 꾹 참고 일한다" "개인보다는 조직을 우선한다" 하는 식의 의식을 전혀 갖고 있지 않을 뿐만 아니라 그러한 낱말이 있는지조차 모른다. 이 세대는 2차 세계 대전 와중 또는 전후 세대가 갖고 있던 '먹고살기 위해서 일한다'는 의식이 놀라울 만큼 희박하다.

고도 성장기에는 거의 모든 사람들이 '물질적 풍요'를 손에 넣으려 노동하였다. 그래서 온힘을 다하여 일하고 열심히 살아가기만 하면 조금씩일망정 확실하게 풍요로움을 손에 넣는 것이 가능했던 시대였다.

전후 경제 부흥에 따른 고도 경제 성장 과정에서 어렵게 구입한 텔레비전 브라운관을 통해 목격한 서양 선진국의 풍요로운 노후 생활에 자극을 받은 전후 세대는 자신들도 서양 선진국 생활 수준에 근접해 간다는 '미래에 대한 희망'을 품고 기업에 대해 전면적으로 공헌 활동을 하였다. 특히 '지금보다는 풍요로운 노후'를 획득하는 것이 노동하는 모든 사람들의 공통된 모티베이션이 되었던 것이다.

그러나 지금 많은 사람들은 이와 같은 물질적 풍요로움을 향유하는 것을 너무도 당연하게 여기고 있다. 엥겔 지수가 70퍼센트에 육박하였던 전후와 달리, 20퍼센트 전후로 내려가 있는 현재의 국가적 풍요로움을 생각한다면 '먹고살기 위해서' 일하는 사람들이 점점 줄어들고 있다고 상상하기는 어렵지 않다. 단지 주변 사람들이 모두 일하고 있기 때문에 마지못하여 일하고 있는 사원들도 늘어나고 있다. 한편 '기업 내에서의 출세'에 관심을 갖고 있는 인재도 줄어들고 있다. 아버지 세대의 구조 조정을 옆에서 지켜보며 성장한 세대에게는 회사나 조직에 대한 충성심이 별로 없다. "하나의 기업에 인생을 바치겠다고 생각하지 않는다" "회사에 의존해도 결국에는 충분한 보상을 받을 수 없다"라는 분위기에 젖어있는 그들이기 때문에 '회사 안에서의 직위' 따위는 그다지 가치 있게 생각지 않으며 '자기 자신의 개성을 발휘하는 장소' 혹은 '자신의 시장 가치를 끌어올리는 기회'로 회사를 바라보는 경향이 강해지고 있다.

CHART 12 신입 사원이 회사에 기대하는 것

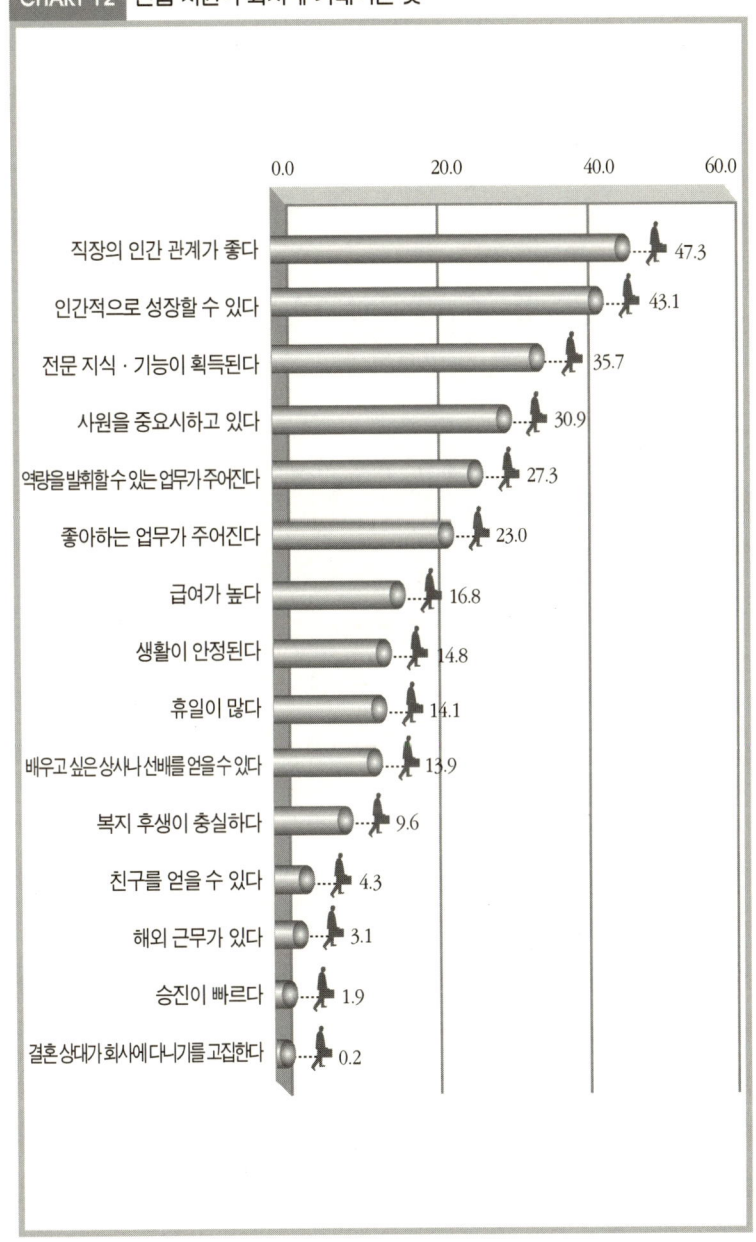

항목	값
직장의 인간 관계가 좋다	47.3
인간적으로 성장할 수 있다	43.1
전문 지식·기능이 획득된다	35.7
사원을 중요시하고 있다	30.9
역량을 발휘할 수 있는 업무가 주어진다	27.3
좋아하는 업무가 주어진다	23.0
급여가 높다	16.8
생활이 안정된다	14.8
휴일이 많다	14.1
배우고 싶은 상사나 선배를 얻을 수 있다	13.9
복지 후생이 충실하다	9.6
친구를 얻을 수 있다	4.3
해외 근무가 있다	3.1
승진이 빠르다	1.9
결혼 상대가 회사에 다니기를 고집한다	0.2

이와 같이 오랜 기간에 걸쳐 기업이 제공해온 금전 보상과 지위 보상은 확실히 그 위력을 잃어가고 있다. 일본 능률 협회의 「2002년도 신입 사원 : 회사와 사회에 대한 의식 조사 결과」(Chart 12)에 의하면 회사에 기대하고 있는 것들 중에서 '급여가 높다' '생활이 안정된다' '승진이 빠르다' 등은 다른 항목에 비해 상당히 낮은 수준에 그치고 있다.

'보다 풍요로운 생활을 구하려고' '회사 내 출세의 계단을 오르려고'라는 등의 고도 성장기 공식에 딱 들어맞지 않는 세대가 이미 경제 사회의 전면에 등장하고 있다. '금전 보상'과 '지위 보상'은 기업의 경제적 사정에 의해 그 '획득 가능성'이 저하되고 있을 뿐만 아니라 점차 일하는 측에 있어서도 매력적이라고 할 수 없는 '보상'으로 추락하고 있는 것이다. '조직의 목표 달성'과 '개인의 욕구 충족'을 결합시키는 역할을 하는 매개체로서 '금전 보상'과 '지위 보상'을 기둥으로 삼았던 종래의 인사 매니지먼트 기법을 크게 바꾸지 않는 한 기업은 만성적인 모티베이션 위기에 골치가 아프게 되었다.

주문의 속박에서 해방된 기업과 개인

　일에 대한 사원의 모티베이션은 '보상의 매력' × '획득 가능성' 이라는 메커니즘으로 결정된다. 그러나 '금전 보상' 이나 '지위 보상' 은 받는 측에 있어서 매력이 저하될 뿐만 아니라 수익 악화와 조직 축소에 의해서 이러한 보상을 획득할 가능성이 낮아지는 등의 변화에 따라 기업 안에서 일어나고 있는 모티베이션 위기가 구조적인 문제로 빠져들고 있다는 것에 대해서는 앞에서 서술하였다.
　그러나 문제는 이것만으로 수습되지 않는다. 여기에서 우리는 '기업' 과 '사원' 의 관계에 주목해야 한다. 이 관계의 변화가 경영 활동의 근간을 뒤흔드는 모티베이션 위기를 불러일으킨다는 점을 명확히 밝혀야 할 것이다.
　기업과 그 기업에서 일하는 사원, 이 양자의 관계는 '상호 구속 관계' 라 불러도 좋을 만큼 밀접하게 서로 '속박하고 — 속박당하는' 관계를 유지해왔다고 할 수 있다.

CHART 13

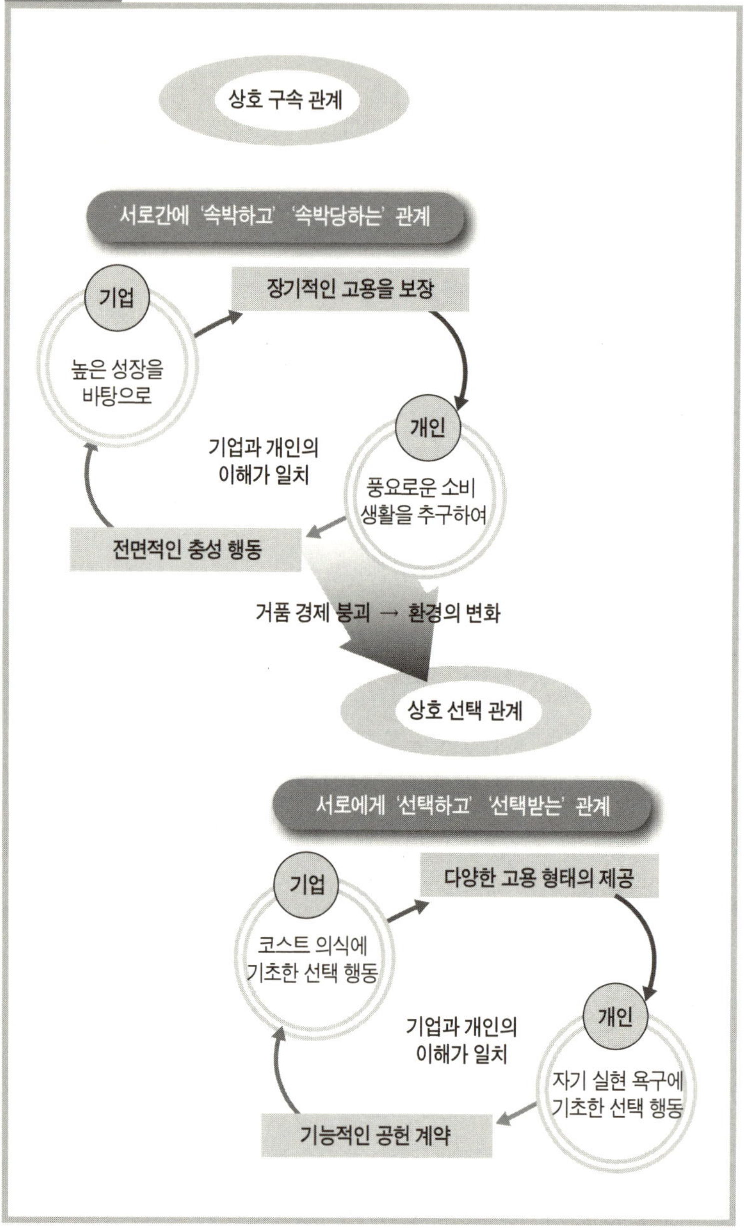

상호 구속 관계

서로간에 '속박하고' '속박당하는' 관계

- **기업**: 높은 성장을 바탕으로
- 장기적인 고용을 보장
- **개인**: 풍요로운 소비 생활을 추구하여
- 기업과 개인의 이해가 일치
- 전면적인 충성 행동

거품 경제 붕괴 → 환경의 변화

상호 선택 관계

서로에게 '선택하고' '선택받는' 관계

- **기업**: 코스트 의식에 기초한 선택 행동
- 다양한 고용 형태의 제공
- **개인**: 자기 실현 욕구에 기초한 선택 행동
- 기업과 개인의 이해가 일치
- 기능적인 공헌 계약

수많은 기업이 종신 고용, 연공 서열형 급여 제도를 시행하던 시대에는 사원은 회사를 그만두려고 해도 간단히 그만둘 수 없는 상황 때문에 처해 있었다. 왜냐하면 다른 기업들이 중도 채용을 시행하지 않았기 때문에 전직할 곳을 구하기가 불가능하였다. 그리고 오랫동안 근무하면 그만큼 수입이 증가하는 시스템은 전직을 전혀 생각하지 못하도록 하는 역할을 충분히 해왔던 것이다. 그럼에도 불구하고 사원이 불리함을 알면서 전직을 감행하면 사회로부터 '전직자 = 낙오자'라고 손가락질을 당하게 되어 이러한 사회적 제재도 사원을 기업에 묶어두는 기능을 담당했다.

한편 기업측도 일단 채용한 사원을 간단히 사직하도록 할 수는 없었다. 서로간에 '속박하고 – 속박당하는' 것이 상식으로 되어 있던 시대에는 기업으로부터 일방적으로 해고를 당하는 것, 즉 기업 입장에서 보면 일방적으로 관계를 해소시키는 것은 사회적으로 허용되지 않았다. 전후 장기간에 걸쳐 이러한 '상호 구속 관계'를 기업과 사원 쌍방이 적극적으로 받아들여 왔던 것이다. 사원측은 '보다 풍요로운 생활을 추구하여' 기업은 '사원의 숙련과 충성을 기대하여' 서로에게 속박당하는 고생을 인내하며 이와 같은 장점을 향유하여 왔다고 말할 수 있다.

그러나 기업과 사원이 서로에게 속박당하는 '상호 구속 관계'는 거품 경제의 붕괴로 인해서 더 이상 지속되기가 어려워졌다. '상호 구속 관계'는 높은 성장을 지속하는 경제를 전제로 한 고용 시스템이기 때문에 기업이 이 관계를 지속하려 한다면 커다란 '비용' 부담을 감수하지 않을 수 없다. 이 관계를 지속하는 한 우수한 사원이 사외로 유출되지 않는 대신 그만큼 우수하지 않는 사원도 또한 마찬가지로 데리고 있으면서 매년 안정적으로 승진과 봉급 인상을 시켜줘야 한다는 부담도 져야 한다. 이는 보상을 위한 재원이 계속 크게 확대되어야 가능한 일이다. 회사가 지속적으로 성장 · 확대되어 간다는 전제가 없는 한 이 관계를 지속하기란 대단히 어렵다.

이러한 사정으로 1993년경부터 기업측에서 먼저 '상호 구속 관계'를 해소하려는 경향을 드러내기 시작했다. 그러면서 '급여 동결'이라는 용어도 자주 나오게 되었고, 대량 인원 감축을 단행하는 기업이 늘어나면서 상호 구속 관계는 점차로 종언을 고하게 되었다.

그리고 '돈 = 금전 보상'과 '직위 = 지위 보상'에 강한 관심을 보이지 않는 방향으로 사원들의 의식이 변화하면서 이 '상호 구속 관계'는 붕괴되기 시작했다. 이러한 의식 변화로 종래의 '돈'과 '직위'라는 보상은 '기업의 목표 달성'과 '개인의 욕구 충족'을 결합시키는 기능을 거의 발휘할 수 없게 되고, 인재의 유동화가 보편적인 현상으로 자리잡게 되었다.

이러한 인재의 유동화를 전제로 한 기업과 사원의 새로운 관계를 이 책에서는 '상호 선택 관계'라 부르고자 한다. 즉 서로가 이제까지 속박에서 해방되어 '선택하고 – 선택받는' 관계로 변모하게 된 것이다. 이러한 관점에 입각하면 최근 수년 동안 기업과 사원의 관계는 '상호 구속 관계'에서 '상호 선택 관계'로 극적인 변화를 겪고 있는 것이다.

10년 전만 해도 전직이 일반적인 현상이 아니었으며 심지어 '낙오자'라는 이미지를 감수하면서 전직해야만 했다. 전직으로 인해 퇴직금이 급감하기 때문에 생계 급여라는 관점에서도 '손해'가 되었다. 경력 개발 계획은 기업 내의 직무 순환(Job Rotation)

과 동의어였다.

그러나 현재는 전직을 경력 형성의 계기로 생각하게 되었으며 자신의 경력을 스스로 구축하려는 사람이 압도적으로 증가하고 있다. 또한 퇴직금 제도를 바꾸어 조기 퇴직 제도를 도입하는 등 금전적으로도 퇴직에 따른 손해를 입지 않는 시스템으로 이행해 가고 있다.

그렇다면 이러한 '상호 선택 관계'로의 변화가 의미하는 것은 무엇일까? 거시적(Macro)인 관점에서 보면 '선택할 수 있는 기회가 많은 세상의 도래'라고 할 수 있다. 그러나 한편으로는 자유도(自由度)가 높은 세상의 도래는 '각 기업'이나 '각 개인'이라는 미시적(Micro)인 관점에서 보면 "회사가 우수한 개인에게 선택되지 않을 가능성도 동시에 높다"거나 "개인이 매력적인 기업으로부터 선택되어 받아들여지지 않을 가능성도 동시에 높다"라는 식의 준엄한 세상이 도래했음을 의미한다.

기업을 엄습하고 있는 모티베이션 위기의 근간에는 '공헌 활동에 합당한 보상'을 제공할 수 없다는 점이 근본적인 원인이 되고 있다. 인재의 유동화, 다시 말해 기업과 사원의 '상호 선택 관계' 시대는 사원에게 매력 있는 기업이 되고자 하는 노력을 게을리 하면 인재 유출을 가속시키게 되고 결과적으로 조직이 붕괴될 수도 있는 위험성이 높아지는 숙명을 내포하고 있다. '상호 선택 관계' 속에서는 사원을 한데 묶어내는 것이 어렵다. 기업이 사원들에게 제공하는 보상의 매력을 높이지 않으면 대량의 인재 유출로 인해 내부 붕괴의 위기를 자초하게 된다.

기업 내부에서 새로운 보상을 만들어내자

　이러한 사회 통념의 대전환이 젊은 인재들뿐만 아니라 중·고령층에게까지도 '노동의 의미'를 재고하도록 만들고 있다. 그 결과 이제까지 기업에 충성심을 가지고서 일해온 중·고령층의 의식에도 커다란 변화가 일어나고 있다.

　물론 그들이 입사할 당시는 장기 고용과 연공서열형 임금을 보장받았던 '상호 구속 관계'의 시대였다. 그러나 이제까지 지켜져 왔던 약속이 깨어지면서 장래에 주기로 한 '돈'도 '직위'도 '없었던 일'이 되어버렸다.

　지금까지 충성심 하나로 조직을 먼저 생각하며 업무에 대한 보람이나 경력 개발에는 무감각했던 그들도 급속하게 자신들의 업무나 서 있는 위치에 의문을 갖기 시작하였다. "혹시 다른 회사로 가는 편이 더 가치가 있지 않을까?" "이 회사에서 장래가 보장될 것인가?"라는 회의감을 갖는 사람도 당연히 나오게 되었다. 그러한 사람들은

CHART 14

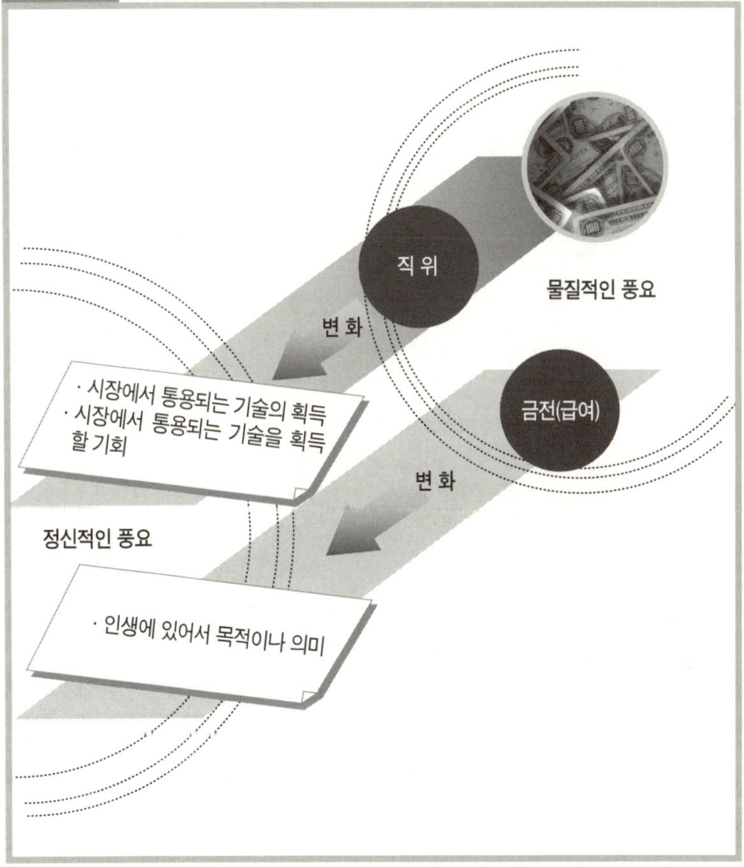

- 직위
- 물질적인 풍요
- 변화
- 시장에서 통용되는 기술의 획득
- 시장에서 통용되는 기술을 획득할 기회
- 금전(급여)
- 변화
- 정신적인 풍요
- 인생에 있어서 목적이나 의미

"급여도 올려주지 않고 지위도 없다"는 피해 의식을 가질 뿐만 아니라 기업에 대한 충성심을 가차없이 버리고 "그래 오늘 중에 다른 직장을 구하자" "가장 보람 있는 업무로 전직을 하자"라고 마음을 바꿔먹게 된다.

이러한 심경 변화는 앞에서 서술하였듯이 조기 퇴직에 응모자가 쇄도하는 현상과 관련이 있다. 젊은층, 중·고령층을 불문하고 인재 유출을 방지하지 못하게 된 데에는 이러한 배경이 연계되어 있다.

기업과 사원의 관계성이 변함에 따라 '보상'의 내용 또한 바뀌고 있다.

첫째 지위 보상보다도 시장에서 통용되는 스킬의 획득, 스킬을 획득할 수 있는 기회를 보상으로 요구하게 되었다. 인재 유동화 시대에는 기업에서 출세하기 위해 기업 내부에서만 통용되는 직원 적응 훈련이나 파벌 사이에서 처세하는 요령 등을 익히는데 시간을 할애하는 것은 합리성이 없게 되었다. 상호 구속 관계의 시대에는 그러한 요령을 가진 사람이 출세했지만, 이제 근로자들은 자신들의 시장성에 보다 민감하다.

둘째 금전 보상보다도 '인생의 목적이나 의미'를 추구하는 경향이 강해지고 있다. 다시 말해 '물질적인 풍부함'보다도 '정신적인 풍요로움'을 더 중시하는 인재가 증가하고 있다.

인재 유동화 시대의 도래란 기업과 개인 양측이 선택할 수 있는 가짓수가 증가했다는 의미이며, 결코 나쁘다고만 할 수 없다. 기업에서 인재가 유출된다는 것은 중도 채용 시장에 인재가 몰려든다는 것을 의미한다. 지금까지보다 더 경험이나 기술이 풍부한 인재를 채용할 수 있게 된다.

반면에 근로자 입장에서, 선택할 수 있는 가짓수가 증가한다는 것은 매력 없는 기업은 '선택되지 않을 가능성'이 있음을 의미한다. 이미 신규 졸업이나 중도 채용 시장에서 응모가 쇄도하는 기업이 있는가 하면 응모가 저조한 기업도 있다. '먹고살기 위해서'라는 단순한 목적으로 직장을 구하는 사람은 감소하고, 많은 사람들이 '업무가 마음에 들어서' '기술의 향상을 위해서' 등 엄격한 관점에서 기업을 바라보게 되었다. 기업은 채용이라는 계단의 입구에서뿐만 아니라 사원들에게 기업 내에서 계속 근무할 만한 매력을 일상적으로 제공해야만 한다. 그렇지 않으면 사원은 "그 회사에 계속 머무르겠다"는 선택지를 버리고 회사 밖에서 자신의 새로운 무대를 구하려 할 것이다.

'상호 구속 관계'에서 '상호 선택 관계'로의 변화는 기업에게 '돈'과 '직위' 이외의 새로운 보상을 만들도록 강하게 요구하고 있다.

이제부터 기업은 사업의 재구축 등과 같은 외부 환경에 대한 대응 차원의 시책뿐만 아니라 사원의 모티베이션을 유지·향상시키기 위한 내부 시책도 충실히 시행해 나가야 한다. 기업은 사원이 "내일도 여기에서 일하겠다" "일년 후에도 여기서 일하겠다"라고 생각하도록 만들어 미래의 사원, 즉 지원자가 "여기서 일하고 싶다"라는 기분을 갖도록 일상적인 매력을 지속적으로 제공하지 않으면 안 된다.

경제가 순탄하게 성장하던 때에는 사원에 대하여 돈과 직위를 제공함으로써 모티베이션을 향상시킬 수 있었다. 성장기에는 외부로부터 거두어들이는 돈이 순조롭게 증가하여 금전 보상을 해주기가 쉬웠고 회사가 커지면서 자연스럽게 직위도 증가하였기에 지위 보상 또한 수월했다고 이미 기술하였다.

그러나 회사의 성장이 어려운 현재는 외부로부터 거두어들이는 모티베이션의 재원이 계속 줄어드는 추세에 있다. 사원의 모티베이션을 위한 원천 재원을 회사 외부로부터 조달할 수 없게 되었다면 결국 기업 내부에서 만들어내는 것 이외에는 다른 길이 없다.

"외부로부터 거두어들이지 못한다 → 따라서 사원들에게는 아무것도 주지 않는다"라는 발상을 하는 기업은 두 번 다시 성장의 궤도에 오르지 못할 것이다. 공헌 행동에 부합하는 보상을 받을 수 없게 된 사원들이 활기를 잃든지 외부로 유출되어 가는 사태를 맞이할 것이기 때문이다.

"사원으로부터 공헌 행동을 끌어내려면 일정 정도의 보상이 필요하다 → 그러나 그 보상의 원천 재원이 부족하다 → 지혜를 발휘하여 돈이나 포스트 대신 제공할 수 있는 보상을 만들어내자" 라는 적극적인 발상을 하는 기업만 살아남을 수 있다.

사원의 모티베이션이 회복되어 고객 접점이 충실해지고, 고객 요구에 부응할 수 있는 상품 개발로 이어져 업적이 향상된다면 다시 사원에게 금전 보상이나 지위 보상을 제공할 수 있는 날이 반드시 오게 된다. 인재 유동화 사회에 대응하여 기업과 사원의 관계를 선순환 구조로 돌려놓기 위해서 지금 기업에 요구되는 것은 '새로운 보상'을 자가 발전시키는 일이다. 보상의 원천 재원을 시장에서 조달할 수 없는 이상, 기업 내부에서 '만들어 내는' 기능을 갖지 않는다면 회복할 수 있는 길은 영영 닫혀버리게 된다.

MOTIVATION COMPANY

Chapter 3

모티베이션 엔지니어링

Motivation Engineering

- '모티베이션 엔지니어링'이 지향하는 것
- 관계성의 관점 ▶문제는 '사람(人)'이 아니라 '사이(間)'에 존재한다
- 연결점 중시 ▶모티베이션 창조자
- 신뢰감 조성 ▶규정 < 신뢰 인프라 구축
- 모티베이션 마케팅

'모티베이션 엔지니어링'이 지향하는 것

2장에서는 격심한 시장 경쟁으로 기업 수익이 악화되면서 보상을 위한 재원이 구조적으로 부족하게 되고 이로 인해 사원의 모티베이션 위기가 초래된다는 점, 특히 사원의 근로 의식의 변화가 지금까지의 금전 보상과 지위 보상을 대신하여 새로운 보상을 고안해내고 이를 자체적으로 발전시키도록 기업에 요구하고 있다는 점, 따라서 이러한 인재의 유동화 문제를 해결할 수 있는가 여부가 기업으로서는 존망의 관건이 되는 중대한 테마가 되고 있음을 설명했다.

기업과 개인 관계의 극적인 변화 속에 지금까지의 사고 방식으로는 포착할 수 없는 새로운 매니지먼트 기법이 바로 이 책에서 소개하는 '모티베이션 엔지니어링'이다.

'모티베이션 엔지니어링'은 '기업의 목표 달성'과 '개인의 욕구 충족'을 하나로 묶어내는 새로운 보상의 자가 발전 방법이라고 정의할 수 있다. 금전 보상이나 지위 보상은 예전의 위력을 잃고 각 기

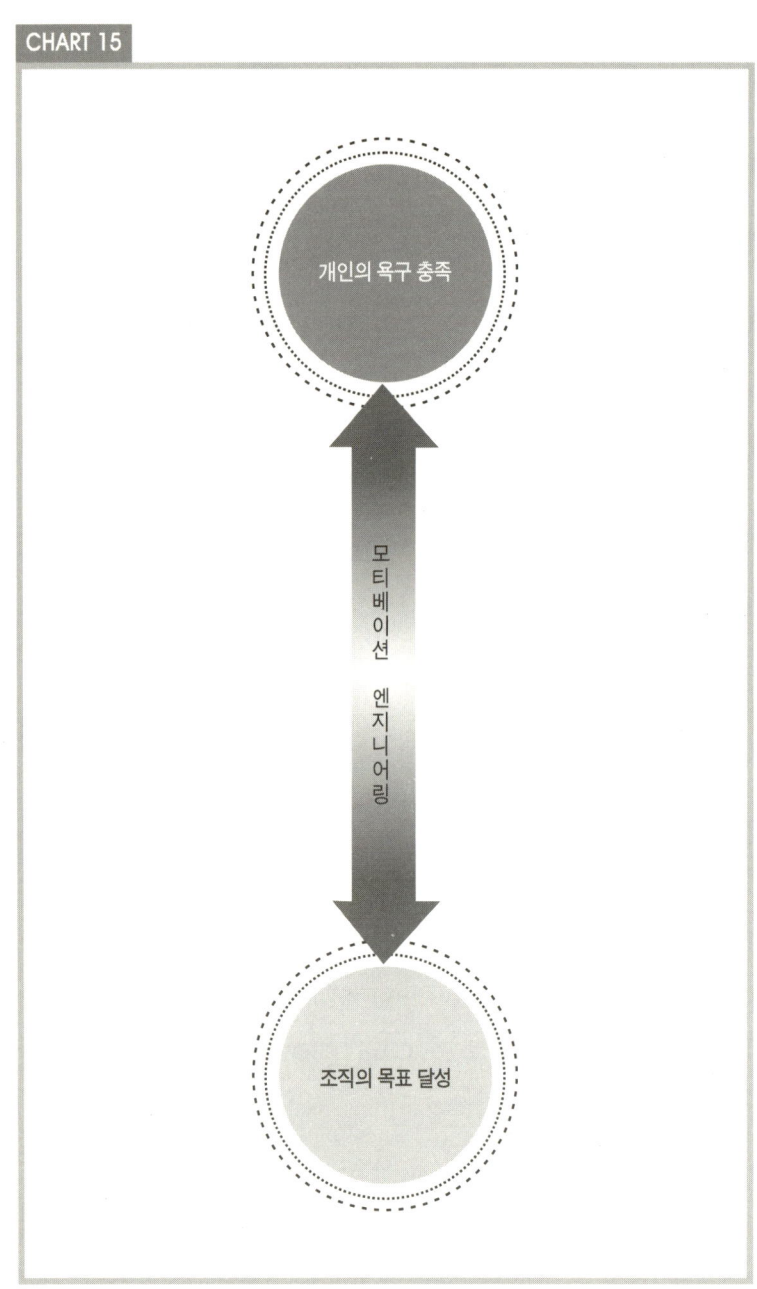

업은 새로운 보상을 만들어내지 않으면 안 되는 상황으로 내몰리고 있다.

이 새로운 매니지먼트 기법의 목적은 사원이 자신의 능력을 충분히 발휘하여 조직의 목표 달성에 공헌하는 것, 그리고 그 프로세스를 통해 사원의 모티베이션이 충족되고 조직이 성장한다는 이른바 '전체를 위한 개인(One for All), 개인을 위한 전체(All for One)'를 실현하자는 것이다.

그 결과 기업은 경쟁 기업이 쉽게 모방할 수 없는 확고한 경쟁 우위를 확립하고 우수한 인재를 끌어들여 결합함으로써 경쟁 격차를 확대해 가게 된다. 인재 유동화 시대에는 우수한 개인에게서 선택받는 기업과 그들이 근무하기를 꺼리는 기업으로 양극화되는 경향이 높아지고 있다고 설명하였는데, 모티베이션 엔지니어링은 특히 선택받는 기업이 되고자 할 때 유효한 매니지먼트 기법이다.

'모티베이션 엔지니어링'의 기본적 방법은 '커뮤니케이션'에 착안하는 점이 특징이다. 금전 보상이나 지위 보상에 대신하여 기업이 자가 발전을 할 만한 새로운 보상을 '커뮤니케이션 보상'이라 부른다.

사람은 누구나 "즐거운 업무를 하고 싶다" "자신의 업무를 인정받고 싶다" "누군가로부터 기대 받고 싶다" "보람을 느낄 수 있는 업무를 하고 싶다" "존경할 수 있는 인물과 함께 업무를 하고 싶다"라는 근원적 욕구들을 지니고 있다. 이러한 근원적 욕구는 금전 보상이나 지위 보상과는 별개의 차원으로 존재한다. "자네 참 잘했네"라는 말 한 마디나 "이번 프로젝트는 우리 회사의 미래를 결정한다", 혹은 "자네 덕분에 고객으로부터 칭찬을 들었네" 등의 말 한 마디는 사명감과 함께 공헌하였다는 감정을 자극시키고 때로는 금전 보상을 받는 것보다 더 큰 기쁨을 느끼게 한다.

'금전 보상'이나 '지위 보상'은 제로섬(Zero Sum) 게임, 다시 말해 누군가가 많이 받을수록 다른 누군가는 적게 받게 되는 숙명을 지니지만 '커뮤니케이션 보상'은 그러한 패러다임에서 탈피할 수 있다. 보상을 위한 재원이 구조적으로 부족한 문제로 고민하는 기업에게는 유일무이한 자가 발전의 대상이 되는 '새로운 보상'인 셈이다.

종래의 경영학이 산술(算術)을 그 학문의 중심에 위치시키고 있는 것과는 대조적으로 눈으로 볼 수 없는 테마인 모티베이션을 다루는 이 매니지먼트 기법은 분명히 심리학의 도움을 받고 있다.

이제부터 이러한 '모티베이션 엔지니어링'의 중심적 시각이나 구체적 방법론에 대해 설명하겠다. 키워드는 '관계성의 관점' '연결점 중시' '신뢰감 조성' 등 세 가지이다. 이것들 중 그 어느 것도 지금까지의 전략 지상 주의나 개인 환원주의의 한계를 통찰하는 것 이상으로 새로운 관점을 제공한다.

새로운 기법은 커다란 패러다임 변화를 필요로 한다. 기업을 둘러싼 환경의 복잡성이 날로 증대함에 따라 단순한 방법론으로는 최적의 해법이 도출되지 않는 경영 상황 속에서, 압도적으로 강력한 조직 인재를 만들어 내고자 한다면 이러한 관점을 활용하기 바란다.

관계성의 관점

▶ "문제는 '사람(人)'이 아니라 '사이(間)'에 존재한다"

　많은 기업들이 모티베이션 위기에 직면하자 사원 한사람 한사람에 대응하는 제도인 성과주의를 도입하여 문제를 해결하려고 했다. 그러니 단지 규정을 성과주의라는 명칭으로 변경하는 수준에 그쳐 대부분이 성과 향상으로 이어지지 못했다. 지금까지의 규정을 바꾸어서 '개인' 단위로 목표를 분할하고 '개인' 단위의 평가만을 '정확하게' 도출하려고 시도한 것에 문제의 근본 원인이 있었다.
　사원의 모티베이션을 향상시켜 성과를 올리자면 개인의 목표를 관리하는 것만으로는 충분하지 않다. '개인'에만 중점을 두어 개인의 경력 향상을 지원한다거나 개인의 성과에 대응하는 보상 체계를 준비하는 것만으로는 개인이 '일하고 싶고' '보람을 느끼고 싶은' 회사가 되기에는 어려움이 있다. 실제로 개인을 중시하는 방향으로 규정을 변경함으로써 부문 이기주의(Sectionalism)가 횡행하고 인간 관계 또한 무미 건조해져 부문간 협조가 약화되면서 고객으로부터의 클레임이 크게 증가하는 악영향이 일어난 기업도 적지 않다. '개인'이라는 관점이 아니라 '관계성'라는 관점에서 생각할 때 이 문제를 해결할 수 있는 실마리를 찾을 수 있다.

여기에 사원 10명의 기업이 있다고 하자. 10명이 10개의 힘을 지니고 있는 기업은 모두 합하여 100의 힘을 갖는다. 이를 120으로 올리려 할 경우에, 한사람 한사람의 힘을 12로 올리겠다는 것이 개인에 착안한 목표 관리 제도이다. 그러나 단순하게 한 사람의 힘을 12로 올린다고 해서 기업의 힘이 그 배수만큼 늘어나지는 않는다. 그와는 반대로 오히려 감소하는 경우도 있다. 왜 이러한 일이 일어나는 것일까? 여기에는 '조직으로서의 협동', 다시 말해서 '관계성'이라는 문제가 존재한다.

일부 전문가 집단을 제외하면 대부분의 기업 조직은 각 개인이 단독으로 비즈니스를 하고 있는 것이 아니다. 예를 들어 한 사람의 영업 사원 업적을 10에서 12로 올리려면, 그 사람 개인 힘만이 아니라 상품 개발과 지원 업무를 하는 동료의 힘을 필요로 한다. 다시 말해 영업 사원의 업적을 개인으로 평가하는 체제를 도입하는 것만으로는 의미가 없고, 영업의 배후에 있는 관계성을 양호한 상태로 유지해야만 한다.

이와 같이 개인의 힘을 최대화하고, 조직으로서 유기적으로 기능하도록 하기 위해서는 인간(人間)이라는 두 글자를 잘 음미할 필요가 있다. 여기에서 '사람(人)' 개인이 아니라 개인과 개인을 결합하는 '사이(間)', 즉 관계에 주목하는 것이 중요하다. 조직에서 부딪히는 많은 문제와 장애들은 어느 특정 '사람'에게 문제가 있기보다는 사람과 사람의 '관계성'에 문제가 있는 쪽이 압도적으로 많다. 예를 들어 '경영자와 간부의 관계' 혹은 '본사와 지사의 관계' '영업 부문과 상품 기획 부문의 관계' '기술 부문과 영업 부문의 관계' '관리자와 부하 직원의 관계' 등등, 조직상의 어느 지점에 '커뮤니케이션의 막힘'이나 '상호 불신'이라는 관계성의 문제를 포함하고 있는 경우가 대부분이다.

모티베이션 엔지니어링의 시각에서는 10명의 회사는 '10명의 집합'이 아니라 '45개의 관계성을 가진 조직'으로 본다. 그리고 이 관계성, 다시 말해 사람과 사람을 결합하는 선을 커뮤니케이션 채널이라 부른다. 10명 각자를 연결하는 커뮤니케이션 채널은 사람 숫자가 증가하면 증가하는 만큼 기하급수적으로 늘어나면서 관계성은 그만큼 복잡해진다.

예를 들어 2명이라면 커뮤니케이션 채널은 한 개다. 4명이 되면 커뮤니케이션 채널은 6개가 되고, 10명의 회사에는 커뮤니케이션 채널이 45개 존재하게 된다. 커뮤니케이션 채널 수는 인원수 × (인원수 - 1) ÷ 2이다. 따라서 100명의 집단에는 4,950개나 되는 커뮤니케이션 채널이 존재한다.

따라서 10명의 집단을 강화하려고 할 경우 한사람 한사람의 개인 능력을 높이는 것도 필요하지만, 다른 한편으로 45개의 채널 상호 간의 유대를 강화하고 장애를 제거하는 노력이 함께 기울여질 때 기대 이상의 성과를 거두게 된다는 것이 '관계성의 관점'에 의한 '모티베이션 엔지니어링'의 사고이다.

이 45개의 관계성이 유효하게 기능함으로써 10의 힘이 12로, 그리고 10의 힘 × 10명 = 100 이상의 힘이 되어 회사의 업적을 끌어

CHART 16

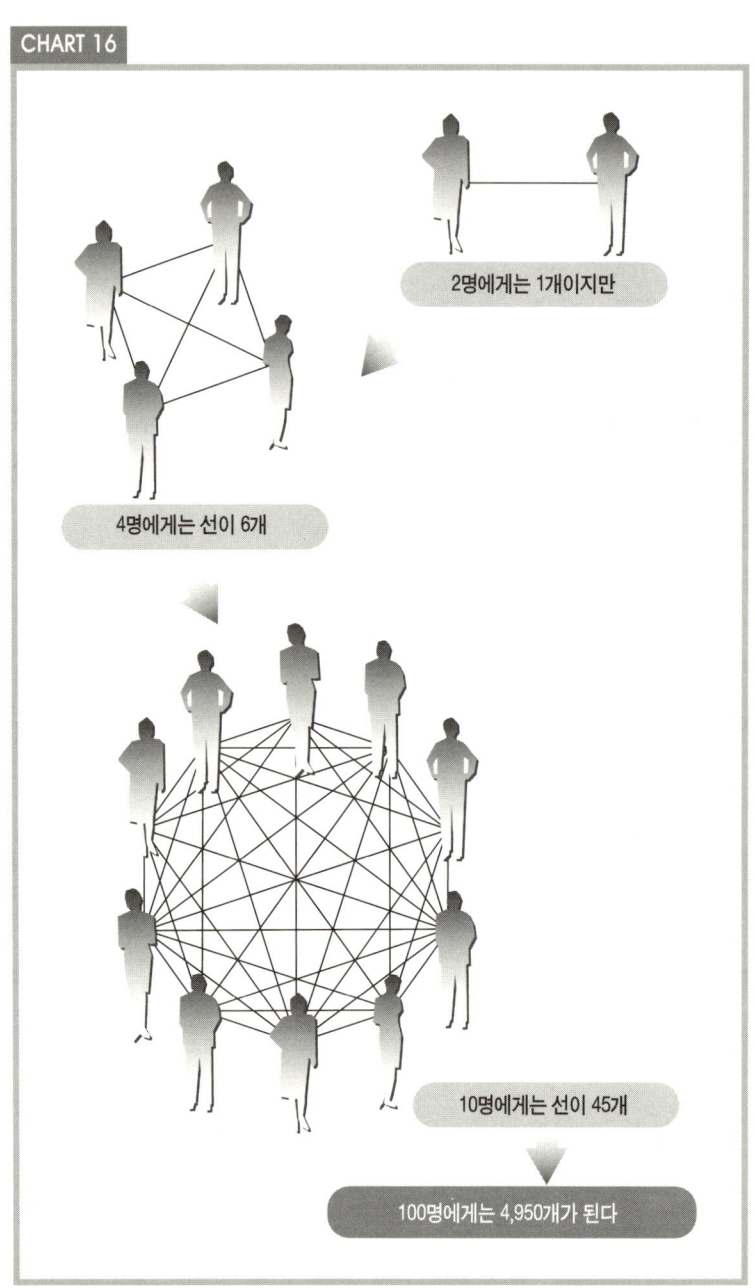

올릴 수 있다. 나아가서 개인 능력을 발휘하기 쉬운 풍토, 지원해주는 상사, 개인의 적성과 포부에 부합하는 업무를 제공함으로써 어느 한 개인을 놓고 보더라도 그 성과가 배수로 증가할 가능성은 높아진다.

각 개인의 모티베이션 문제도 실은 이 관계성이 생각처럼 되어 있지 않거나 악화되고 있어서 더 심각해지는 경우가 많다. 문제는 '사람' 그 자체에 있지 않고 사람과 사람의 '관계'에 있다. 개인에 초점을 맞추기보다는 이러한 관계성에 주목하는 것이 훨씬 적극적인 문제 해결 방법이라 하겠다.

연결점 중시

▶ "모티베이션 창조자(Creator)"

몇몇 사람 사이에서는 수평적인 커뮤니케이션이 정보의 흐름을 빠르게 한다. 그러나 조직에서 수평적인 상태에서의 커뮤니케이션을 하기는 참으로 어렵다.

4명이 하나의 조직으로 커뮤니케이션을 할 경우 전체적으로 온도 차이는 별로 발생하지 않는다. 커뮤니케이션 채널의 수가 6개이기 때문에 한 사람 한 사람이 전체에 대하여 참여 의식을 가지고 도전할 수도 있고 의사 통일 또한 용이하다. 그런데 10명이 되면 채널이 45개나 되어 회의 한번 해도 그만큼 복잡하고, 당연한 일이지만 각자의 온도 차이도 발생하기 쉽다. 이것이 100명에 4,950개의 관계성으로 늘어나게 되면 통제하기가 곤란할 뿐만 아니라 조직으로서의 일체감을 기대하기도 힘들다.

10명에서 100명이 될 경우 사람 수는 10배로 되지만 커뮤니케이

CHART 17

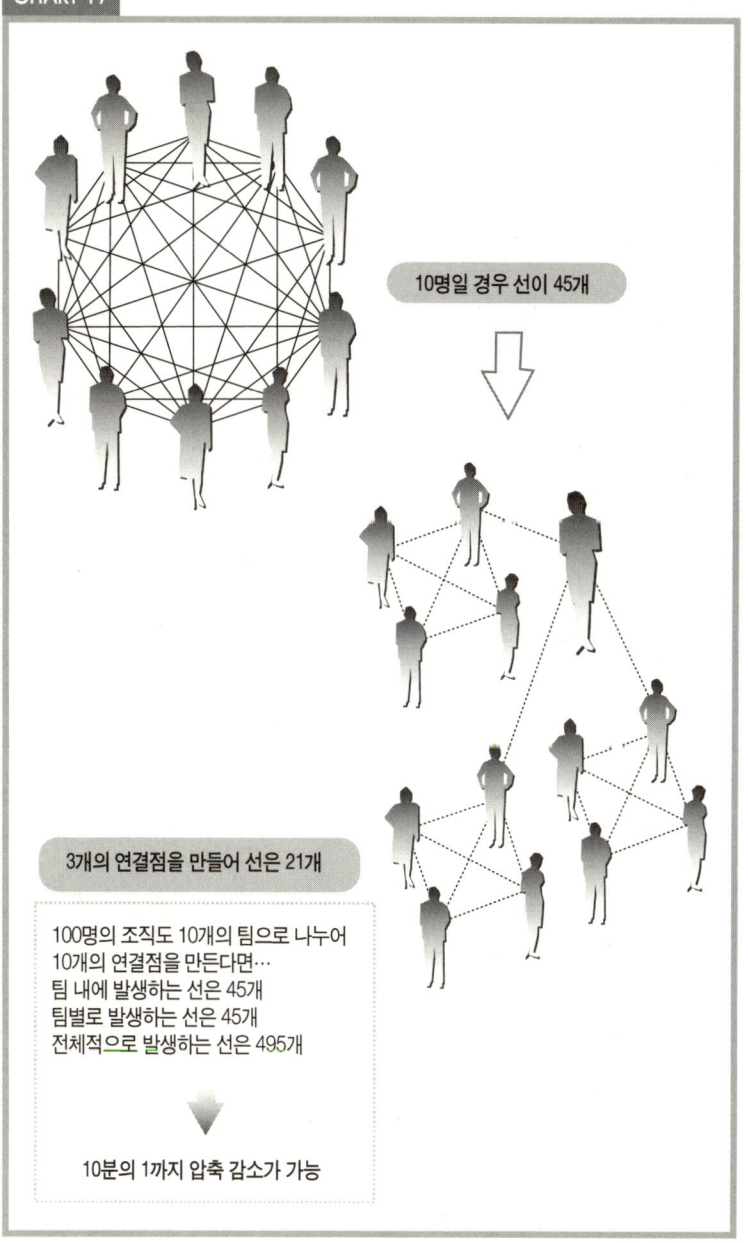

10명일 경우 선이 45개

3개의 연결점을 만들어 선은 21개

100명의 조직도 10개의 팀으로 나누어
10개의 연결점을 만든다면…
팀 내에 발생하는 선은 45개
팀별로 발생하는 선은 45개
전체적으로 발생하는 선은 495개

10분의 1까지 압축 감소가 가능

3장 모티베이션 엔지니어링

션 채널의 수는 비약적으로 증가해 버린다.

'채널의 증대 = 조직 내 복잡성의 증대' 라고 생각한다면, 필연적으로 인원 수 증가에 따른 복잡성을 축소할 목적으로 채널 수를 압축하지 않으면 안 된다. 다시 말해 관리자나 리더를 두고 지휘 명령 계통을 명확히 해야 한다. 그런데 이렇게 해서 복잡성을 어느 정도 줄일 수 있는지 살펴보자.

예를 들어 100명의 조직(커뮤니케이션 채널 수 4,950개)인 경우, 10명의 팀을 10개 만듦으로써 관계성의 수를 45 × 10 = 450개로 줄일 수 있다. 다만 관리자 상호간을 연결하는 상위 조직(10명의 관리자 집단)이 생기기 때문에 그로부터 새로이 45개의 관계성이 발생하여 전체적으로 495개로 된다. 커뮤니케이션 채널이 4,950개에서 495개, 100명의 수평적인 상태와 비교하여 10분의 1까지 복잡성을 압축, 감소시킨 것이다.

여기에서 팀을 담당하는 관리자가 이른바 매니저의 역할을 한다. 그는 주로 커뮤니케이션을 관리하고 조직 전체로서의 복잡성을 압축 감소시키는 '커뮤니케이션의 연결점' 역할을 담당한다. 과장이나 부장이라는 직함으로 그 역할을 하는 것이 아니다. 그는 위로부터의 정보를 아래로, 아래로부터의 정보를 위로, 오른쪽 정보를 왼쪽으로, '정보 편집' 과 '정보 압축' 의 기능을 수행하면서 정보 전달자 역할을 담당하는 것이다.

성장 가도를 달리는 기업 가운데 '관리자가 부족하다' 고 한탄하는 기업이 많은데, 이 경우에도 '과장' 이나 '부장' 이 부족한 것이 아니라 커뮤니케이션의 연결점을 담당할 '기능' 이 부족한 것이다.

이상과 같이 조직 전체를 조직이 내포하는 복잡성이라는 관점에서 파악하여 조직체를 커뮤니케이션 채널로 규정한다면, 조직 변혁이나 모티베이션 향상에 커다란 역할을 담당하는 사람은 '커뮤니케이션의 연결점'인 관리자이다. 여기에서 알 수 있듯이 기업의 성과(Performance)에 커다란 영향을 주는 연결점을 어떻게 설계하고, 어떠한 인재를 배치할 것인가 하는 점이 인재 전략에서 대단히 중요하다.

그렇다면 이 연결점을 담당하는 관리자는 복잡성을 압축 감소시키는 역할 이외에 어떠한 기능을 맡고 있는 것일까?

'보상 재원의 구조적인 부족 문제'로 인해서 모티베이션 위기가 초래되고 있는 기업은 조직 내부에서 새로운 보상을 만들어내지 않으면 안 된다. 모티베이션 엔지니어링에 입각한 사고에 따르면 새로운 보상을 '커뮤니케이션 보상'이라 규정한다. 인재 유동화 시대에는 '금전 보상'이나 '지위 보상'이 그 위력을 상실하고 있기 때문이다. 이렇게 생각하면 커뮤니케이션의 연결점이 되는 관리자는 새로운 보상을 만들어내는 주체, 즉 '모티베이션 창조자(Creator)' 역할을 해야 되는 셈이다.

예를 들어 주위에 이런 혹평을 받는 사람은 없을까?

"저 사람과 함께 업무를 해봐야 공을 가로채이게 될 뿐이다" "앞으로 10년 동안 이 회사에서 참고 지내봐야 나도 저런 모습이 될 것이라고 생각하면 소름이 돋는다" "얼굴만 마주치면 실적 얘기로 기운을 빼 버린다" "자신의 출세 도구로 이용하려고만 하기 때문에 일할 기분이 안 난다" "걸핏하면 과거 얘기만 하는 통에 진절머리가 난다"

그러나 한편으로는 "저 사람을 위해서라면 분발하고 싶다" "한번

이라도 좋으니 저 사람 옆에서 배우고 싶다" "열심히 해서 저 사람에게 인정받고 싶다" "저 사람 때문에라도 회사에 사표를 낼 수가 없다"는 식으로 많은 구성원들에게 정신적 지주가 되는 사람도 있다.

전자를 '모티베이션 파괴자'라 부른다면 후자야말로 우리가 여기서 주목하는 보상을 내부로부터 만들어내는 '모티베이션 창조자'이다.

모티베이션 창조자는 커뮤니케이션 보상을 사원에게 제공하는 사람이며 조직 전체의 커뮤니케이션 연결점, 즉 터미널 역할을 한다. 그래서 조직이나 개인에게 무형의 분위기를 만들어 내어 절대적인 영향력을 갖는다. 반대로 경영 간부나 관리자가 모티베이션 파괴자인 기업은 정확한 현장 정보의 수집과 편집이 방해를 받을 뿐만 아니라, 조직의 활력을 떨어뜨리고 결국에는 조직의 기능을 상실하게 된다.

모티베이션 창조자는 그 존재 자체가 많은 사원들에게는 일종의 보상이 될 수 있다. 그러므로 사원들이 그들과 행하는 커뮤니케이션에 의해서 '회사나 고객에게 공헌한다는 느낌'이나 '조직 속에서 매력있는 사명' '스스로 느끼는 기술 향상감' 등을 실감할 수 있게 만드는 자질을 갖추고 있어야 한다. 그들이 만들어낸 커뮤니케이션 보상의 경제적 효과를 고려하면 이들의 발굴과 육성에 집중적인 코스트를 분배하는 것이 모티베이션 위기에 직면하고 있는 기업에게는 중요한 인사 전략의 하나이다.

신뢰감 조성

▶ "규정 < 신뢰 인프라의 구축"

 1장에서 성과주의 인사제도의 문제점에 대해 기술하였다. 신제도를 도입하는 것 자체가 문제는 아니다. 성과주의의 '공헌도에 따라 보상에 차이를 둔다'는 사고의 기본은, 사원의 모티베이션을 끌어올리는데 효과적인 방법이라는 점은 틀림없다. 그럼에도 불구하고 지금까지 실행되어온 성과주의가 효과를 보지 못하고 오히려 현장의 모티베이션을 저하시키는 원인이 되어버린 것은 최적치 이상으로 규정을 지나치게 상세하게 만들어버린 점과 팀 공헌이나 환경 요인에 초점을 맞추지 않고 단기적인 개인 환원주의에 따라 설계하는 등의 문제가 있었기 때문이다.
 이미 기술한 대로 복잡성 수치가 가장 낮아지는, '유연성을 가진 최적치'의 규정을 정하는 것이 중요하다. 그 이외 어느 정도 '애매함'을 남겨둘 수 있는 용기를 갖는 것이 성과주의를 성공적으로 도입하는 비결이 될 수 있다. 대개의 경우 팀 공헌이나 환경 요인을 감안하려 하면 필연적으로 애매함이 포함될 수밖에 없다.

그렇다면 그 '애매' 한 부분을 담보하는 것은 무엇인가? 그것은 회사와 사원 혹은 상사와 부하직원 간의 '신뢰 관계' 이다. 불규칙적인 사태에 대해서 굳이 규정을 만들어두지 않더라도 회사와 사원, 상사와 부하직원 사이에 신뢰 관계만 되어있으면 "기대에 어긋나지 않을 것이므로 괜찮다"라는 암묵적인 양해 속에서 업무가 추진될 수 있다.

앞에서 설명한 해외 영업의 예를 다시 생각해 보자. 이 경우 테러를 예견하여 사전에 규정을 만들어둘 수 있겠는가? 그것은 대단히 어려운 일이다. 이 사례에서도 신뢰 관계가 없다면 그 사원은 "지금부터 제 아무리 열심히 해도 목표를 달성하기란 어려워"라는 식으로 업무에 대한 모티베이션이 저하되어 버린다. 그러나 신뢰 관계만 있다면 "이 불행한 사건으로 초래된 환경 변화를 이해해줄 거야"라며 업무에 대한 의욕을 계속 가질 수 있을 것이다.

규정(Rule)으로 통제하는 부분은 최소한으로 줄이고, 앞으로는 신뢰 관계로 제어할 수 있는 관계를 조성하는데 많은 힘을 쏟아야 한다.

그러나 많은 기업에서는 '신뢰 관계'라는 인프라가 무너지고 있는 상태인데도 제도나 규정을 통해 강제로 사원의 사고와 행동을 바꾸려 하고 있다. 인프라가 조직의 도처에서 끊겨 있기 때문에 새로운 제도도 수용될 수가 없는 것이다. 불신이나 불만이 가득한 심리 상태에서는 무엇을 제공하더라도 의심의 눈초리로 볼 수밖에 없는 법이다.

이와는 반대로 전혀 규정이 없더라도 반석 같은 신뢰 관계만 있다면 평가나 보상의 결정을 본인에게 피드백하는데 단 1분이면 충분

CHART 18 모티베이션 마케팅

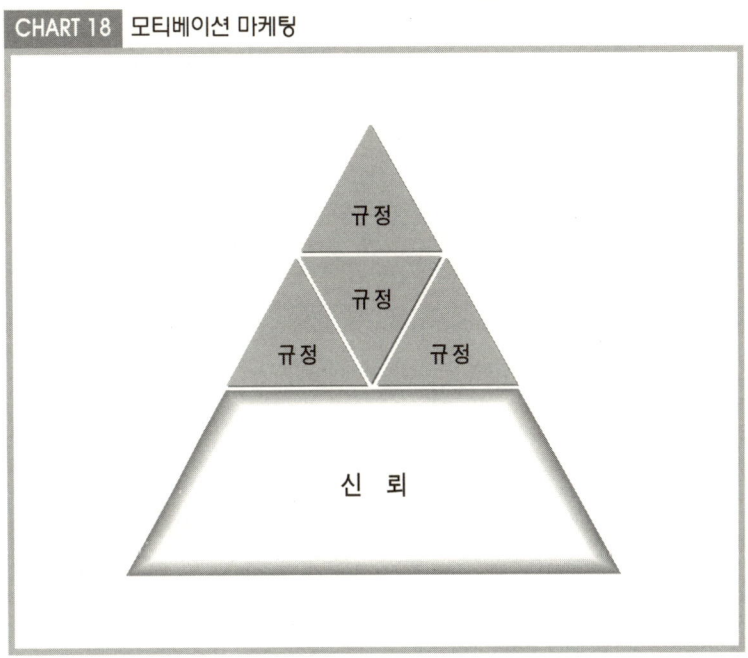

히다. 물론 현실적으로 일정한 규정이나 제도가 없다면 기업 활동이 혼란스럽게 되겠지만, 제도와 신뢰의 균형이라는 관점에서 많은 기업들이 서둘러 고민해야 할 대목이다.

　기업은 '신뢰를 창조' 하는 데 많은 에너지를 쏟아야 한다. 제도를 상세하게 만드는 것에만 골몰해서는 곤란하다. 인재 유동화라는 새로운 위기를 안고 있는 기업 입장에서는 회사나 상사에 대한 '신뢰' 라는, 눈에 보이지 않는 인프라를 구축하는 것이야말로 합리적인 경영 행동이라 할 수 있다. 앞에서 설명한 모티베이션 창조자(Motivation Creator)에 착안하여 조직 내에 '신뢰' 의 절대량을 증가시켜 나가야 한다.

모티베이션 마케팅

　모티베이션 위기가 기업을 엄습하고 있는 배후에는 구조적인 요인이 놓여있다. '보상 재원이 원천적으로 부족한 문제' '근로의식의 변화', 그리고 '인재 유동화에 의한 기업과 사원의 관계 변화'가 배후에 있는 구조적 요인이며 이러한 변화가 보상의 의미를 변화시키는 작용을 하고 있다.

　그러면 기업들은 대체 무엇을 어떻게 해야만 사원의 모티베이션 위기라는 문제를 해결하는 방향으로 나아갈 수 있을까? 무엇보다도 사원의 모티베이션을 마케팅한다는 발상을 갖는 것이 중요하다.

　일반적으로 뭔가 보상을 제공하지 않는 한 사원의 공헌 활동을 끌어내기는 힘들며 자칫 잘못하면 인재 유출의 위기를 맞을 수도 있다. 그러나 여기서 '보상의 매력 정도를 결정하는 사람은 보상을 제공하는 경영측이 아니라 보상을 받는 사원'라는 관점을 갖는 것이 중요하다.

보상이 보상으로서의 역할을 제대로 담당하기 위해서는 그것을 받아들이는 사람들에게 매력적으로 보이지 않으면 안 된다. 그러기 위해서는 사원이 어떠한 보상을 요구하고 있는지, 다시 말해서 어떤 것을 제공하면 모티베이션이 높아질 것인지를 적극적으로 마케팅해 나갈 필요가 있다. 이것은 지금까지 '제품과 서비스'를 생산하고 판매하기 위해서 시장과 고객을 대상으로 실행하여 왔던 마케팅 활동을 '보상 재원'을 생산하기 위해 사원을 대상으로 실행하자는 것을 의미한다.

지금까지 기업은 '누구를 목표로' '무엇을' '어디에서' '얼마에' 제공하면 자사의 상품과 서비스가 수용될 것인가 하는 점을 명확하게 하기 위해 마케팅 부문에 인재를 배치하여 경영 자원의 배분에 대한 판단을 해왔다. 이와 똑같은 활동을 조직 내부에 대하여 실시할 필요가 있는 것이다.

지금까지는 사원과의 '상호 구속 관계'가 지속되었기 때문에 사원의 기분을 마케팅할 필요까지는 없었다. 실제로 양자가 '속박하고 - 속박당하는' 관계로 연결되어 있는 경우에는 마케팅 활동에 들이는 코스트에 비해 효과가 미미했다. 따라서 기업은 조직 내부에 대해서는 신경을 끄고 외부의 시장과 고객에게만 관심을 집중하면 그만이었다.

그렇지만 인재 유동화 시대에는 그렇게 할 수가 없다. '속박하고 - 속박당하는' 관계가 해소되고 '선택하고 - 선택받는' 관계의 시대에는 일단 채용한 사원에 대해서도 '외부'에 있는 것과 똑같이 항상 그들을 끌어당기는 시책이 필요하다. 시장이나 고객에 대해서 실행해 왔던 것과 똑같은 마케팅 활동을 사내의 사원에 대해서 실행

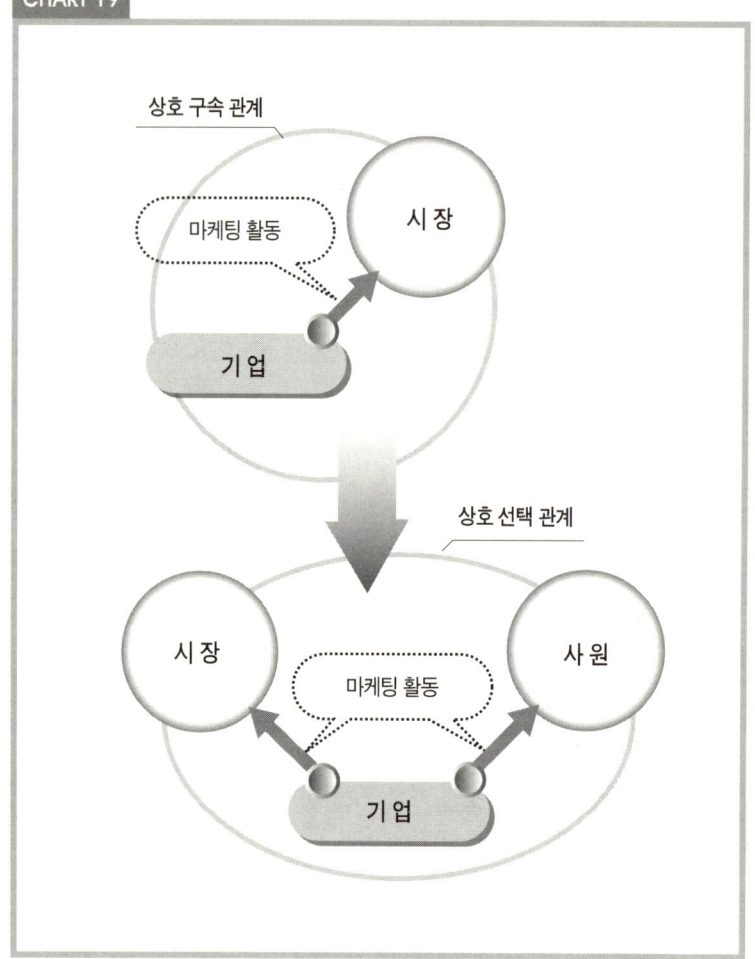

하지 않으면 안 되는 시대로 돌입한 것이다.

어느 게임 제작 회사에서는 지위 보상보다도 개발 환경이 개선되기를 바라는 목소리가 압도적으로 많았다. 어느 컨설팅 회사에서는 자기 자신의 능력을 높일 수 있는 프로젝트에 참가하는 것이 커다란 보상으로서의 의미를 가지고 있음이 분명해졌다. 그리고 의류업계의 한 회사에서는 수입이 약간 늘어나는 것보다는 기업 이념을 공유할 수 있는 시책을 취해주기를 경영진에게 요구하는 목소리가 압도적으로 많았다고 한다.

이와 같이 사원의 모티베이션을 높이고자 할 때 무엇을 어느 정도 요구하고 있는가, 무엇에 어느 만큼 만족하고 어느 정도 불만을 가지고 있는가 등 사원의 니즈를 정확하게 파악하는 일이 보상의 자가발전을 효과적으로 실현하는데 있어 없어서는 안 될 경영 행동이다. 그 구체적인 프레임에 대해서는 4장에서 자세하게 설명할 것이므로 참고해 주기 바란다.

일반적으로 어느 기업에서든 금전 보상과 지위 보상은 당연히 이느 정도의 위력을 발휘하기 마련이다. 그러나 그러한 보상을 위한 밑천이 고갈되고 있는 현실에서 근로 의식의 다양화와 인재의 유동화라는 시대 변화를 고려한다면 적은 밑천으로 사원으로부터 최대한의 공헌 행동을 끌어내기 위해 모티베이션을 마케팅한다는 관점이 점차 합리적인 경영 기법으로 주목받게 될 것이다.

MOTIVATION COMPANY

Chapter 4

조직의 모티베이션 마케팅
- 4 Eyes

Motivation Marketing of
Corporate Organization
- Four Eyes

- 4 Eyes에 의한 측정
- 16가지 모티베이션 요인 ▶ 조감도 vs 투시도
- 4 Eyes Windows에 의한 과제 발견
- 'INTER LINK' 와 'ICE BLOCK'
- 액션 플랜과 네거티브 플랜

4 Eyes에 의한 측정

사원의 모티베이션 마케팅을 수행하는 방법으로는 링크&모티베이션 사가 개발한 '4 Eyes'와 '모티베이션 포트폴리오'가 있다. 조직 차원의 모티베이션 마케팅에 적합한 기법이 전자, 개인 차원의 모티베이션 마케팅에 적합한 기법이 후자이다. 이번 장에서는 4 Eyes에 대해서 설명하고자 한다.

이 '4 Eyes'를 실시함으로써 근로(Work) 모티베이션에 관계하는 다양한 요인 중에서 사원이 어떠한 요인을 중시하는지, 그리고 그에 대한 만족도가 어느 정도인지를 측정할 수 있다. 나아가 회사 단위, 부서 단위, 혹은 직종 단위로 세분화하여 각 요인에 대한 현상의 만족도를 수치화함으로써 이후에 취할 대책의 우선 순위가 명확해지게 된다. '4 Eyes'에서는 사회 심리학을 기초로 모티베이션 요인을 10종류로 분류하고 있다(104~112 페이지 참조).

업종과 직종, 경영자의 특성, 혹은 그 기업의 역사와 문화 등에 따

CHART 20 조감도(BIRD'S VIEW)

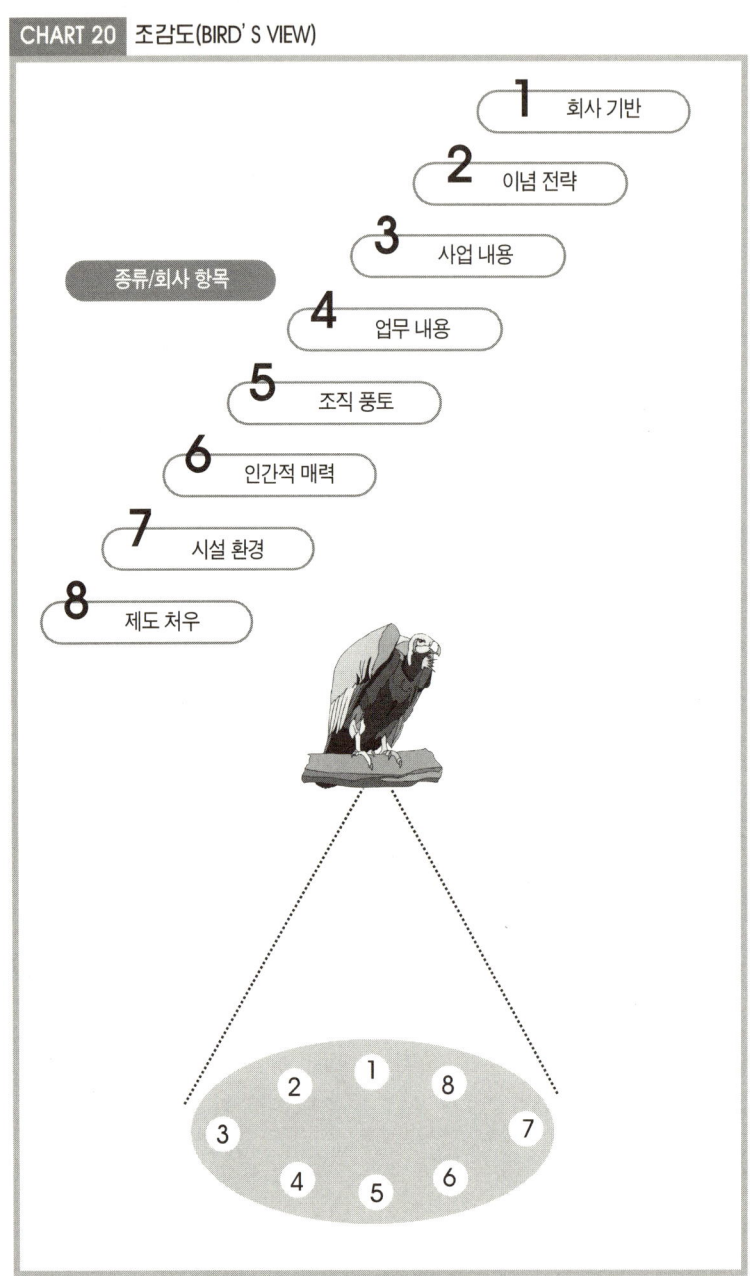

CHART 21 　투시도(INSECT'S VIEW)

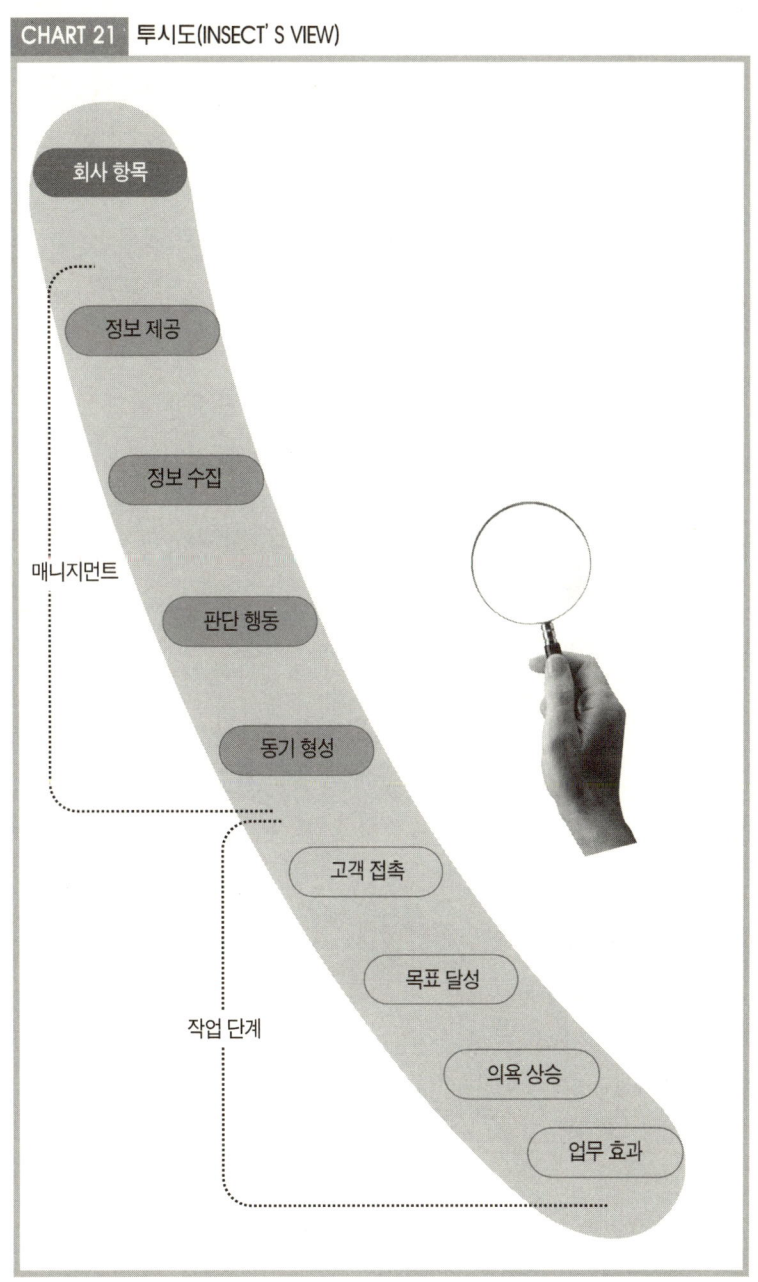

라서 10종류의 모티베이션 요인 가운데 사원들이 어느 항목을 어느 정도로 요구하고 있는가 하는 점은 참으로 다양하다. 4 Eyes를 실시함으로써 금전 보상과 지위 보상 이상으로 사원에게 중요한 모티베이션 요인을 새롭게 발견할 수 있었던 사례는 대단히 많다. 눈으로 볼 수 없는 모티베이션 상태와 그 방향성을 가시화함으로써 모티베이션 위기를 피할 수 있는 제대로 된 대책이 분명해지기 때문이다.

그러면 어떠한 모티베이션 요인이 있는지 그 내용을 살펴 보자(앞 페이지 Chart 20, 21 참조). 지금까지 모티베이션 요인을 '돈'과 '직위' 정도로만 생각해 왔던 경영자에게는 사원이 희망하는 것이 이 만큼 다양하다는 것을 알게 된 것 자체가 커다란 발견이 아닐 수 없다. 그리고 모티베이션 설문 조사 '4 Eyes'의 체크 항목을 덧붙여 두었으므로 사원 대상으로 조사하여 그 결과를 보면 사원이 가지고 있는 모티베이션 요인의 경향이 어떤지 파악할 수 있을 것이다.

10개 종류의 모티베이션 요인들은 크게 두 개 그룹으로 구분할 수 있다.

첫째, '기업의 목표' '업무 내용' '대우' 등은 사원과 회사의 관계성으로부터 도출되는 요인이다. 사원의 회사에 대한 '욕구(Want)', 업무내용에 대한 '욕구'를 수치화하는 것이 가능한데 8개 항목을 설정하여 '조감도(BIRD'S VIEW) 항목' 이라 부른다.

둘째, 직속 상관인 '관리자의 언동' 과 자신이 소속되어 있는 '부서의 상태', 다시 말해 상사와 부서와의 관계성으로부터 기인하는 요인이 있다. 이것은 상사와 부서에 관한 것으로 두 종류가 설정되어 있고, 각각 4개 항목으로 세분되어 있기 때문에 모두 8개의 항목이 된다. 이 항목들은 작은 조직을 살펴본다는 의미에서 '투시도 (INSECT'S VIEW; 충관도)' 라 부르고 있다. 여기서는 직속 상사에 대한 '욕구' 현재의 부서에 대한 '욕구' 를 제시한다.

그렇다면 사원의 '욕구' 를 측정하기 위하여 사원의 근로 모티베이션은 어떻게 분석·세분화할 수 있는지 살펴보자.

16가지 모티베이션 요인

▶조감도(BIRD'S VIEW)와 투시도(INSECT'S VIEW)

　사원의 모티베이션을 마케팅하고자 하면 먼저 직원이 회사와 업무, 매니지먼트, 부서에 대해 어떠한 욕구를 가지고 있는지에 대해 파악할 필요가 있다.
　모티베이션 엔지니어링에서는 이러한 '근로 모티베이션(근로 유인)'을 '4 Eyes'라는 새로운 시야(Scope)에서 파악하고 활용하기 위하여 '조감도(BIRD'S VIEW)'와 '투시도(INSECT'S VIEW)'라는 두 개 영역을 합쳐 10종류 16항목으로 세분화했다. 지금부터 각 항목에 대하여 구체적으로 살펴보자.

CHART 22

··空감도(BIRD'S VIEW)

- 회사 기반 — 장래의 안정을 담보하고 싶다
- 이념 전략 — 이념에 공감하고 싶다
- 사업 내용 — 사업에서 의의를 찾고 싶다
- 업무 내용 — 업무에서 보람과 의미를 느끼고 싶다
- 조직 풍토 — 자신이 지향하는 방향과 조직 풍토를 일치시키고 싶다
- 인간적 매력 — 매력있는 사람과 함께 일하고 싶다
- 시설 환경 — 업무 수행이 용이한 환경에서 일하고 싶다
- 제도 처우 — 납득할 수 있는 평가와 처우를 받고 싶다

··투시도(INSECT'S VIEW)

매니지먼트 항목
- 정보 제공 — 사내·외 정보를 알기 쉽게 전달받고 싶다
- 정보 수집 — 자신이나 자신의 업무에 관심을 가져주었으면 좋겠다
- 판단 행동 — 명확한 기준 하에서 공평하게 평가해 주었으면 좋겠다
- 동기 형성 — 고객의 목소리를 중시하고 싶다

작업 단계 항목
- 고객 접촉 — 동기 부여를 위한 심적인 배려가 있었으면 좋겠다
- 목표 달성 — 목표를 향해서 열심히 뛰고 싶다
- 의욕 상승 — 구성원 간에 상호 이해하고 업무의 연계를 잘하고 싶다
- 업무 효과 — 효율성을 중시하며 업무를 진행하고 싶다

'조감도(BIRD'S VIEW)' - 회사와 업무에 대한 '욕구(Want)'

① 회사 기반 - 장래의 안정을 담보하고 싶다

회사의 안정성과 확실한 경영 기반이 있을 때 사원은 장래의 안정을 담보할 수 있다. 업계에 대한 회사의 영향력, 지명도와 세간의 화제에 오르는 등 눈에 보이는 안정성은 물론이고, 고객 기반과 재무 상황 등의 안정을 중시하여 장래에 대한 불안을 느끼지 않고 업무에 집중하고 싶다고 생각한다.

② 이념 전략 - 이념에 공감하고 싶다

이념과 비전은 눈에 보이지는 않지만 회사 전체의 전략과 조직 구축에 많은 영향을 미친다. '이익 제일 주의' 회사에서 고객 만족을 최우선으로 생각하는 사원이 있다면 그의 모티베이션은 저하될 수밖에 없을 것이다. 이념은 단지 '겉치레'로서가 아니라 사업 전략과 연계되어 있어야 하며, 또한 모든 구성원의 생각 속에 스며들어 있어 그들이 일상적으로 취해야 할 행동과 일관성을 갖게 하는 일도 중요하다.

③ 사업 내용 - 사업에서 의의를 찾고 싶다

회사의 사업 내용과 관련하여 사원이 그 분야에 '흥미'와 '관심'을 갖도록 채용·배치·교육을 실시하는 기업이 많다. 그러나 사업의 장래성, 성장성, 경쟁 회사와 비교한 우위성, 사회에 대한 영향력과 공헌도를 중시하는 사람도 증가하고 있다.

④ 업무 내용 - 업무에서 보람과 의미를 느끼고 싶다

흥미를 가지고 '하고 싶어하고' '몰입할 수 있는' 업무내용을 개개인에게 부여한다고 하는 것은 모티베이션 시책 가운데서도 가장 역점을 두어야 할 사안 중 하나이다. 그러나 사업 내용과 마찬가지로 '흥미' '관심' 뿐만 아니라 사회에 공헌하고 있다는 자부심을 느끼며 스스로 재량 범위를 확대하여 역량을 발휘할 수 있도록 하는 등, 업무에 관한 모티베이션 요인은 다양해지고 있다. 또 회사에 대한 충성심은 저하되지만 시장가치를 높일 수 있을 것인가를 중시하는 사원이 늘어나고 있다.

⑤ 조직 풍토 - 자신이 지향하는 방향과 조직 풍토를 일치시키고 싶다

풍토는 장기간에 걸쳐 조성되는 것이기 때문에 그대로 둔다고 해서 쉽게 변하는 것은 아니다. 만일 사원이 요구하는 풍토와 현재의 풍토 사이에 괴리가 있다면 기업의 성장을 저해하는 커다란 원인이 된다. 또 이미 존재하는 풍토를 중요하게 취급하는 것도 좋지만 '분파주의(Sectionalism)' '전례주의(前例主義)' 처럼 성장을 저해하는 풍토가 횡행하고 있다면 '자유로움' '원활한 의사 소통' '도전적인 행동' 과 같이 성장을 촉진하는 풍토로 바꾸는 작업도 소홀히 해서는 안 될 것이다.

⑥ 인간적 매력 - 매력 있는 사람과 함께 일하고 싶다

신규 졸업자에게 입사하게 된 동기를 물으면 '선배 사원들의 학교 방문이 좋았고, 면접 담당자에게 반해서' 라는 말을 자주 듣게 된다. 이렇게 인간적 매력이 넘치는 사원이 많다면 그것만으로도 기업의

구심력은 커진다. "이 사람 때문에 분발하게 된다, 저 사람처럼 되고 싶다" 하는 식으로 인간적 매력을 가진 사람이 사내에 존재할 경우에는 자신이 목표로 생각하는 상(像)을 구체화시키며 조직에서 업무를 수행하는 의미를 찾아낼 수 있다. 최고 경영자와 경영진이 매력적인 존재가 되고자 노력하는 가운데 매력적인 사람들을 모으고 매력적인 인재를 육성할 수 있는 체제를 만들어 나가는 것은 대단히 중요한 일이다.

⑦ 시설 환경 – 업무 수행이 용이한 환경에서 일하고 싶다

엔지니어가 전직하려고 할 때 '반드시' 라고 할 수 있을 만큼 거론하는 사항이 "개발 환경을 보고 싶다" 라는 한마디다. 제아무리 첨단 기술을 취급하는 업무이고 사업 분야가 흥미 진진한 것이라도, 스펙(Spec)이 높은 기계는 순번을 기다려야 하는 식이라면 효율이 올라갈 수 없으며 모티베이션의 저하로 이어지게 된다. 또 도심 고객을 지원하는 업무를 담당하는 사업소가 교외에 있는 등 사업 활동에 적절하지 않은 환경도 문제가 된다. 효율이 높고, 질이 높은 업무를 하기 위해서는 업무 환경이 좋은가, 나쁜가 하는 점이 중요한 모티베이션 요인으로 작용하므로 경영진의 세심한 배려가 요구된다.

⑧ 제도 대우 – 납득할 수 있는 평가와 처우를 받고 싶다

급여는 액수만 중요한 것은 아니다. 평가가 공평하고 적정하며 업무 양과 근무 시간에 비추어 납득할 수 있어야 만족이 따른다고 할 수 있다. 풍토에 따라 차이는 있지만 전력(戰力)의 중심이 되는 젊은층 인재가 불만스럽게 생각하는 점은 연공서열형 임금 체계일

것이다. "자기보다 업무를 잘하지 못하는데도 급여가 30만원이나 높다"고 한다면 불만의 씨앗이 되기 쉽다. 사원의 모티베이션을 높이고 성장을 지향하는 기업이 되려면 실력주의를 당장 도입하지 않을 도리가 없다. 이 때 평가 기준의 투명성과 공평성이 담보되지 않는다면 의욕을 상실하는 사원이 많아지게 되므로 주의를 기울여야 한다. 또 사원들은 금전만이 아니라 보이지 않는 보상에 해당하는 연수와 교육에 얼마만큼 투자를 해주는가, 그리고 휴일 휴가와 급여 액수의 균형은 어떤가 하는 식으로 엄격하게 체크하고 있는 경우가 많다.

'투시도(INSECT'S VIEW)'

⑨ 매니지먼트 – 직속 상사에 대한 '욕구(Want)'

● **정보 제공 기능** – 사내·외 정보를 알기 쉽게 전달받고 싶다

대부분의 사원은 경영진과 직접 대화할 기회가 없기 때문에 회사의 이념, 사업의 상황, 목표 등 일체의 정보는 상사로부터 전달받는다. 상사의 정보 전달 방법, 그리고 그 내용의 질과 양이 부하의 모티베이션을 좌우한다는 사실을 염두에 두고 있는 상사는 의외로 적다. 시장과 고객 정보처럼 외부 환경에 대한 정보를 전달받을 수 있고, 또 전략과 목표와 같은 사내 정보도 명확하게 전달받을 수 있어야 한다. 조령모개(朝令暮改) 식의 정보를 제공한다거나, 경영진으로부터 전달받은 정보를 적당히 흘려버리는 식의 태도를 취하는 상사에 대한 부하 직원의 눈초리는 차가운 법이다.

● **정보 수집 기능** – 자신이나 자신의 업무에 관심을 가져주었으면 좋겠다

　정보 제공 기능과 마찬가지로 상사가 사내·외 정보를 수집하는 데 적극적이어야 한다고 생각하는 부하 직원이 많다. 고객 정보, 시장동향 정보와 같은 외부 환경의 정보에 대해 밝아야 함은 물론이고, 이를 근거로 부하의 업무에 있어서 예견되는 과제와 문제 요인을 파악하는 것도 모티베이션 요인의 하나라고 할 수 있다. 또 많은 부하직원은 자신에게 관심을 기울여주기를 희망한다. 부하 직원 개개인의 강점, 업무의 내용과 상황에 대해 일상적으로 파악하려고 상사가 노력한다면, "자신을 배려하고 있구나" "알아주는 사람이 있구나"라고 의욕을 불태우게 된다. 그렇지 않고 버튼을 잘못 누르게 되면 "아, 저 상사는 나를 알아주지 않는구나!"라고 생각하여 의욕을 꺾어버리게 된다.

● **대상 선별 기능** – 명확한 기준 아래 공정하게 평가해 주면 좋겠다

　회사의 인사 제도와 급여·평가 체계에 대해 논리적 타당성을 요구하는 사원이 많다는 점은 이미 기술하였지만 그 제도를 운용하고 평가를 결정하는 사람은 상사이다. '상사의 신임이 두텁기 때문에 높은 평가를 받았다'라는 식의 불공정한 느낌을 갖지 않도록 일상 행동이나 언동에도 주의를 기울여야 된다. 그리고 평가 기준을 알기 쉽게 설명하지 않으면 부하 직원은 무엇을 열심히 하면 좋은 평가를 받게 될 지 알 수 없으며 결과적으로 노력할 방법이 없다. 평가 기준을 명시하고 공정성을 중시하는 등 상사의 '평가 기준'이 적정해야 한다.

- **동기 형성 기능** – 동기 부여를 위한, 마음에서 우러나오는 배려가 있으면 좋겠다

  상사는 일상적으로 부하의 모티베이션 향상을 위해 마음에서 우러나오는 배려를 해야만 한다. 이미 앞에서 기술한 기능 외에도, "부하 직원의 아이디어를 채택한다" "성과를 올린 부하를 칭찬한다" 는 식의 노력이 필요하다. 또한 부하 직원이 "자기는 없어서는 안 되는 존재이다" "자신이 경영에 참여하고 있다" 라는 실감을 가질 수 있는 기회를 제공함으로써 부하 직원의 모티베이션은 높아진다. 그 외에도 "신속하게 의사결정이 이뤄졌으면 좋겠다" "쉽게 납득할 수 있도록 설명해주면 좋겠다" 는 등으로 모티베이션 향상을 위한 배려를 원하는 직원이 많다.

⑩ 작업 단계 – 부서에 대한 '욕구(Want)'

- **고객 지향성** – 고객의 목소리를 중시하고 싶다

  고객 혹은 고객 관련 부서의 소리를 얼마만큼 중시하며 친절하게 대응하고 있는가를 측정하는 지표이다. 자신은 고객 또는 고객 관련 부서를 최우선으로 생각하고 있는데 회사는 비용 삭감 정책이나 이익 제일주의와 같은 방침을 취하고 있어 자신의 생각과 회사의 방침이 서로 배치되는 상황에서는 모티베이션 저하로 연결된다.

- **목표 달성** – 목표를 향해서 열심히 뛰고 싶다

  목표 달성을 지향하는 풍토인가, 그리고 목표를 달성하는 체제가 갖추어져 있는가 하는 점이 중요하다. 목표 달성을 지향하는 성향이 강한 구성원들이 모여 있어도 목표가 구체적으로 설정되어 있지 않

거나, 회사의 방침이 정해져 있지 않으면 모티베이션 상승으로 연결되지 않는다. 목표 달성을 지향하는 강한 풍토는 기업의 지속적인 성장에 필수 불가결한 요소다. 목표 달성을 지향하는 성향이 낮은 풍토라면 상사는 이를 가급적 높일 수 있도록 다양한 시책을 실시할 필요가 있다.

● **의욕 상승** – 구성원간에 서로 이해하고 업무 연계를 잘하고 싶다

이 지표를 보면 조직 구성원간의 교류가 잘 이루어지고 있는지, 서로 간에 의욕을 환기할 수 있는 상황을 중시하고 있는지의 여부를 알 수 있다. 기술 계통과 창의적인 작업을 중시하는 부문에서는 개인 작업이 상대적으로 많은데, 커뮤니케이션이 제대로 되지 않아 업무 효율성과 품질에 영향을 미치는 일이 많다. 상사가 그다지 중시하지 않더라도 부하 직원이 현장 속에서 혼란을 느끼고 이를 개선하기 위해 원활한 커뮤니케이션을 지향하는 경우도 있다.

● **업무 효율** – 효율성을 중시하며 업무를 진행하고 싶다

업무의 효율성과 계획성이 모티베이션에 영향을 미치는 정도를 측정할 수 있다. 납기와 같이 시간적인 측면의 계획성만이 아니라, 업무의 노하우와 지식을 공유하는 지식 경영의 존재, 상황에 대응하여 조직과 업무 프로세스를 변경할 수 있는 임기 응변 등을 요구하는 사원도 있다. 상사가 과업을 부여한 다음 '맡긴 채 방치하거나' '시켜둔 채 내버려두는' 식이 아니라 진척 상황에 신경을 쓰면서 상황 변화에 대응하는 태도를 보여주기를 부하 직원들은 요구하고 있다.

사원의 모티베이션 요인이 어느 정도로 다양화되고 있는가 이해하고 있어야 한다. 지금까지 언급한 항목 전부를 망라하려들면 한정이 없다. 또 이 사원은 이 요인을 중시하는 반면에 다른 것은 중시하지 않는다는 식으로 0과 1로 구분되는 디지털처럼 명확히 나누어지는 것도 아니다. 그리고 첨부한 체크 항목과 같이, 예를 들어 '회사 기반'이라는 모티베이션 요인에서도 업계에서의 영향력, 고객 기반의 안정성 등 그 내용에서는 미묘한 차이가 있다. 개인별로 각각의 요인을 중시하는 정도에 차이가 있고, 회사에 대해서도 백인 백색의 기대를 갖고 있다는 점을 고려해야 한다.

이상과 같은 모티베이션 요인을 전체 사원 한사람 한사람에게 질문하여 무엇을 중시하며, 어떤 방법으로 모티베이션을 높일 수 있을 것인지 꼼꼼이 조사하여 밝혀낸다. '돈'과 '직위'만을 모티베이션을 높이는 두 가지 유효 수단으로 활용해온 기업에게는 모티베이션 요인 하나 하나를 조명하며 사원을 능력이나 스킬뿐만 아니라 아닌 모티베이션이라는 측면에서 다시 보는 것만으로도 커다란 의미가 있다.

또한 각 항목이 사원 개개인의 업무, 능력, 스킬에만 초점을 맞추는 것은 아니다. '기업과 사원' '상사와 부하 직원' '부서와 사원'이라는 식으로, 모티베이션 요인이란 타자(他者)와의 관계성을 통해서 중요도를 측정할 수 있다.

3장에서 성과 주의가 모티베이션 상승으로 이어지지 않는 원인 가운데 하나가 '개인'에게만 초점을 맞춘 제도 개혁 때문이라고 언급하였지만, 모티베이션은 '회사와 개인' '업무와 개인' '부서와 개인' '상사와 개인' 등의 관계에서 변화하는 것임을 잊어서는 안 된다. 모티베이션 엔지니어링은 목표나 성과를 개인 단위로 분해하지 않는다. 개인, 조직, 회사의 모티베이션 요인이 무엇일까, 또 모티베이션 수준을 조사함으로써 어떠한 목표를 세우고, 어떤 시책을 강구하면 조직 전체로 성과를 끌어올릴 수 있는가를 고찰하고 있다.

결론적으로 사원 한사람 한사람의 모티베이션을 일 대 일(One to One)로 마케팅하면서 조직 전체로 확대해서 바라볼 때 현실적인 과제와 해결법, 즉 무엇을 하면 성과가 올라갈 것인가에 대해 구체적인 시책을 끌어내는 것이 가능하다.

4 Eyes Windows에 의한 과제 발견

그러면 지금부터 '4 Eyes'를 활용하여 조직의 과제를 발견하는 방법에 대해서 살펴보기로 하자.

'4 Eyes'를 활용하면 사원 개개인, 그리고 조직 전체가 중시하는 모티베이션 요인을 파악하고 그러한 요인에 대하여 현재 어느 정도 만족하고 있는지 그 만족도를 체크할 수 있다. 방법은 체크 항목에 대해서 어느 정도 "중시하고 있는가" "만족하고 있는가"라는 두 개의 지표로 답을 끌어낸다.

모티베이션 요인을 중시하는 정도란, 다시 말하면 경영자와 상사에 대한 '기대도(期待度)'이다. 각각의 모티베이션 요인에 대한 '기대도'와 '만족도'의 차이를 살펴보면, '회사와 사원' '업무와 사원' '상사와 부하 직원' '부서와 사원'의 관계가 어떤지 명확하게 알 수 있다. 다시 말해 '사원의 기대도와 만족도가 모두 높은 요인' '기대도는 높지만 만족하고 있지 않은 요인' '회사는 만족도를 끌어올리

| CHART 23 | 모티베이션 요인 '4 Eyes Windows'

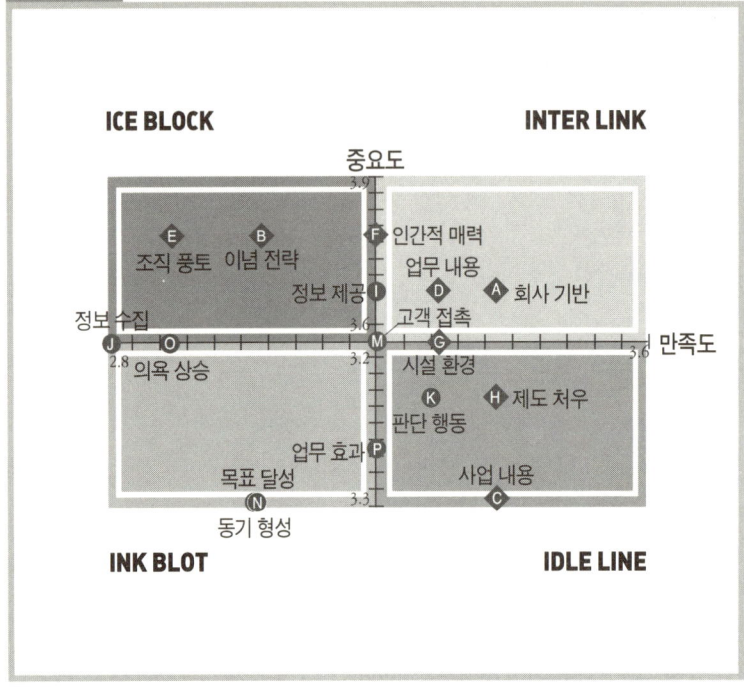

※ 중요도 평균(3.6)과 만족도 평균(3.2)을 위 그림의 중심으로 잡고 있다.

려고 열심히 시책을 강구하고 있는 반면 사원은 그다지 기대하고 있지 않은 요인' 등, 회사와 업무, 상사와 부서가 어느 정도 사원에 대해 '서로 배려하고 아껴주는' 상황에 있는지 분명하게 보여준다.

Chart 23은 사원 80명 정도의 회사를 상정한 모델 케이스인데 중요도를 세로 축으로, 만족도를 가로 축으로 한 4 Eyes의 진단 결과이다. 이 그림을 참고하면서 지금부터 4 Eyes 그래프 보는 방법을 설명하고자 한다.

4 Eyes에서는 중요도와 만족도를 축으로 한 매트릭스 위에 16개

항목의 모티베이션 요인이 지정되어 있다. 사분면에는 각각 I를 머릿글자로 한 사분면 이름이 부여되어 있다.

먼저 중요도와 만족도가 모두 높은 'INTER LINK'('결합·합치'의 의미) 영역을 살펴보자. 이 일사분면에 있는 모티베이션 요인은 사원의 기대도가 높고 '없어서는 안 되는' 항목이라고 느끼고 있을 뿐만 아니라 만족하고 있기도 한 상태이다. 즉, 회사와 사원이 양호한 관계를 구축하고 있는 좋은 상태의 영역이라고 하겠다. Chart 23의 '업무 내용' '회사 기반' 등이 여기에 해당한다.

반대로 기대도는 높지만 만족도가 낮은 'ICE BLOCK'('얼음 덩어리'의 의미) 영역은 회사와 사원 혹은 상사와 사원 사이의 냉랭한 관계를 나타내고 있다. Chart 23 중에서 '조직 풍토' '이념 전략' 등이 여기에 해당한다.

기대도가 낮고 만족도는 높은 'IDLE LINE'('잠자고 있는 불필요한 전화선'의 의미) 영역은 사원이 별로 중요하게 여기지도 않고 강하게 희망하지도 않지만 현상적으로는 만족하고 있는 상태를 나타낸다. 다시 말해 지금 이상으로 부여하더라도 조직의 모티베이션은 높아지지 않으므로 내버려두어도 문제가 되지 않는 요인이다. Chart 23의 '제도 처우' '판단 행동' 등이 여기에 해당한다.

마지막으로 기대도와 만족도가 다같이 낮은 'INK BLOT'('잉크 얼룩'의 의미. 즉석에서 의미를 해석할 수 없는 것을 비유적으로 일컬음) 영역은 현실적인 모티베이션 문제와는 관계가 약한 항목이다. 기대도 만족도 하지 않는다는 것은 사원이 이 요인에 대해 무관심하다는 것을 나타낸다. Chart 23에서는 '목표 달성' '동기 형성' 등이 여기에 해당한다.

다만 'INK BLOT' 이 'IDLE LINE' 과 마찬가지로 내버려두어도 좋은가 하면 사실은 그렇지 않다. 여기에 속해 있는 요인에 대해서 사원이 어떤 계기로 관심을 갖게 되면 갑자기 불만을 느끼기 시작할 가능성도 배제할 수 없다. 예를 들어 '회사 기반' 이 'INK BLOT' 에 있었다고 해도, 강력한 외자계 기업과의 경쟁이 출현하는 등 환경 변화가 일어나 급속하게 위기감을 느끼게 되면 회사에 대해 안정된 기반을 기대하려고 할지도 모른다.

지금부터는 이들 네 가지 중에서도 특히 중요한 'INTER LINK' 와 'ICE BLOCK' 의 두 영역에 대해서 조금 더 자세한 설명을 하기로 한다.

'INTER LINK'와 'ICE BLOCK'

　중요도와 만족도가 모두 높은 'INTER LINK'의 영역은 모티베이션 회사로서의 '강점'이고 '조직의 구심력'이라고 말할 수 있는 부분이다.

　이 영역에 있는 모티베이션 요인은 사원들이 '없어서는 안 된다'고 느끼고 있고, 동시에 사원들이 만족하고 있는 항목이다. 다시 말해 사원이 회사에 대해 강하게 희망하고 있는 항목을 회사가 확실히 제공해줄 수 있는, 균형이 대단히 잘 잡힌 좋은 상태를 나타낸다.

　여기에 맵핑된 요인은 좋은 의미에서 '우리 회사다움'의 상징이라고 할 수 있으며, 이것을 특정해서 사원의 충성심을 유지시키고 있는 요인이 무엇인가 파악할 수 있다. 다시 말해 "무엇이 회사와 사원을 묶어주고 있는가"를 명백히 파악할 수 있다.

　이 말은 곧 사업 전략의 변경이나 조직 제도 개혁, 혹은 풍토의 변혁을 실행할 때도 이 요인의 만족도가 떨어지는 시책을 실행하는 것

CHART 24 모티베이션 요인 '4 Eyes Windows'

※ 중요도 평균(3.6)과 만족도 평균(3.2)을 그림의 중심으로 잡고 있다.

은 커다란 위험으로 연결됨을 의미한다. 왜냐하면 '이 항목의 만족도가 현저하게 저하하는 것 = 사원이 이 회사에서 일하는 의미를 잃어버리는 것'으로 되기 때문이다. 사원이 '이것만큼은 양보할 수 없다'고 생각하는 요인의 만족도가 떨어져 버린다면 최악의 경우에는 심각한 모티베이션 위기에 빠져 마침내는 인재가 빠져나가고 조직은 붕괴될 수도 있다. 그렇기 때문에 'INTER LINK' 영역 취급에는 세심한 주의가 필요하다.

정상적인 상태는 모티베이션 요인이 타원 속에 자리잡고 있다.

한편 뒤집어서 얘기하면 이러한 항목들은 이 기업의 강점이기도 하고, 인재를 채용할 때에는 자신 있게 내세울 수 있는 항목이라고도 할 수 있다. 4 Eyes에 의해서 사원을 묶어내고, 조직을 조직답게 결집시켜 나가는데 있어 가장 중요한 요인이 무엇인가 파악해내는 것은 경영하는 데 대단히 큰 의미가 있다고 할 수 있다.

한편, 기대도는 높고 만족도는 낮은 'ICE BLOCK' (얼음 덩어리) 영역은 회사의 '약점' 이자 조직내의 '취약 지구' 라고 할 수 있는 부분이다.

이 영역에 있는 모티베이션 요인은 사원 측에서는 제공받기를 강하게 희망하고 있는데 회사나 상사가 부여해주지 않고 있는 항목이며, 그 결과 회사나 상사에 대해서 사원이 불신하게 되고 아울러 불만과 문제 의식을 갖게 된다. 중요도가 높으면 높을수록, 그리고 만족도가 낮으면 낮을수록 사원이 느끼는 스트레스는 크다고 할 수 있고 따라서 시급히 대처해야 할 필요가 있는 요인이다.

이러한 요인들을 방치할 경우 조직 내의 대폭적인 모티베이션 저하를 피할 수 없으며, 마침내 사원의 대량 유출 혹은 조직의 붕괴까지도 초래할 수 있다. 조직 내에 평지 풍파를 일으킬까 염려하여 문제를 현실화시키지 않으려고 생각하는 경영자 입장에서는 가능한 한 알리지 않고 은근슬쩍 넘어가고 싶을지도 모른다. 그러나 여기에 속해있는 모티베이션 요인들을 추출하여 조직의 현상, 특히 '약점' 을 명확히 하는 일은 건전한 성장과 발전을 지향하는 조직에 있어서는 대단히 중요한 작업이다.

이 영역에서 추출된 회사의 약점에 대해서 신속하게 대책을 강구하여 개선하는 일은 사원의 모티베이션을 크게 향상시키는 결과를 얻는다. 이러한 의미에서 대처방안을 실행함으로써 곧바로 효과를 실감할 수 있는 요인도 있다. Chart 24의 조직을 예로 들어보면, '사업 내용' '판단 행동' '정보 수집'을 개선하는 시책을 취하게 되면 모티베이션은 반드시 향상될 것이다. 이 요인에 대해서는 개선을 위한 행동을 취하기에 앞서 미리 회사가 사원의 '비명'을 정면에서 받아들였다는 메시지를 보여주는 것만으로도 최악의 사태를 피할 수 있었던 케이스가 많다.

액션 플랜과 네거티브 플랜

'4 Eyes'를 활용하여 조직의 모티베이션 상태를 마케팅해 보면 손을 써야 할 대책이 무엇인지 명확해진다. 조직을 묶어내고 있는 축인 'INTER LINK'에 맵핑되는 모티베이션 요인을 강점으로 파악하여 그 요인을 지속적으로 강화시키는 것, 그리고 'ICE BLOCK'에 맵핑되는 요인에 대해서는 사태를 개선하는 방향으로 시책을 수립해야 하는 것이다. 개선을 위한 이러한 실행 계획을 우리는 '행동 계획(Action Plan)'이라 부르고 있다.

마케팅 결과에 따라 그 플랜은 '이념 비전을 명확히 하고 공유하는 것을 목표로 하는 프로젝트'가 될 수도 있고, '경영층의 의식 개혁 프로젝트'가 될 수도 있다. 또 회사가 마케팅 결과를 어떻게 인식했는가, 그리고 어떠한 시책을 시행할 의사가 있는가, 어떠한 일정으로 그 시책을 추진할 것인가에 대한 설문 조사에 회답한 사원에게 홍보하는 것이 중요한 일이다. 왜냐하면 설문 조사는 실시하고서 결

CHART 25 모티베이션 요인 '4 Eyes Windows'

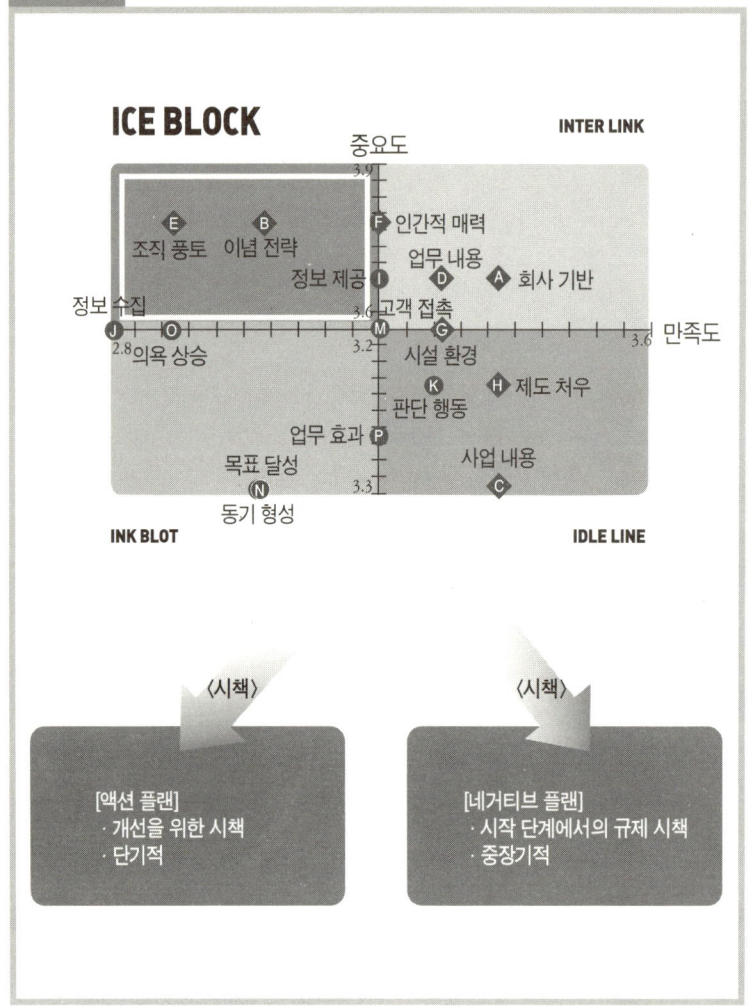

※ 중요도 평균(3.6)과 만족도 평균(3.2)을 위 그림의 중심으로 잡고 있다

과는 알려주지 않는다면 회사에 대해서 점점 의구심을 갖게 될 것이기 때문이다.

이와 같이 마케팅 결과를 공유하는 노력을 기울이는 것과 수치화된 마케팅 결과에 따른 시책을 실행하는 것이 최소의 비용으로 최대의 효과를 얻는 길이다.

그러나 경영자 측으로서는 'ICE BLOCK' 요인 전부를 개선한다는 것은 실현하기 어려운 경우도 있다. 만일 회사 입장에서 사원이 바라는 모티베이션 요인 전부를 개선할 수 없다고 판단한다면, 어떤 요인을 개선하고 어떤 요인에 대해서는 참을성을 요구할 것인가를 분명하게 분리시켜 전달하는 것이 성실한 경영 방식일 것이다. 여기에서 참을성을 요구하는 부분을 우리는 '액션 플랜'에 대비시켜 '네거티브 플랜(Negative Plan)'이라고 부른다.

'액션 플랜'이 단기적인 개선 계획이라면 '네거티브 플랜'은 중장기적인 개선 계획이다. 이렇게 말하는 이유는 'ICE BLOCK'에 맵핑되는 요인에 대해 "처음부터 사원이 그 플랜을 중시하는 상황을 만들지 않는다"는 시책을 시행하기 때문이다.

약간 장황한 설명이 되겠지만 인재를 채용하는 시점에서 충분히 설명해서 회사 생활을 하는 동안 충족되지 않는 요인에 대해 응시자와 미리 '기대치 조정'을 하자는 것이다. 이 '네거티브 플랜'을 유지하고 지속해 나가면 느리기는 하지만 그 요인을 중시하지 않는 사원의 비율이 증가하게 된다. 서서히 회사와 사원을 결합시키는 요인이 특징적으로 드러나게 되고 결과적으로 조직 전체의 모티베이션은 확실하게 향상되어 나간다.

회사의 장래를 멀리 내다보면서 어떠한 요인을 개선해야 할 것인가, 그리고 어떠한 요인을 중시하는 사원을 늘려나가야 할 것인가를 신중하게 검토하고 규명해 나갈 필요가 있다.

MOTIVATION COMPANY

Chapter 5

개인의 모티베이션 마케팅
―모티베이션 포트폴리오

Personal
Motivation Marketing
―Motivation Portfolio

- 모티베이션 포트폴리오에 의한 탐색
- 사고 행동 특성 프레임
- 직무 지향 특성 프레임
- 조직으로서의 모티베이션 포트폴리오
- '사고 행동 특성' 과 '직무 지향 특성' 을 체크한다

모티베이션 포트폴리오에 의한 탐색

　이 장에서는 모티베이션 마케팅의 또 하나의 기법, 즉 '모티베이션 포트폴리오' 에 대해서 상세히 설명하고자 한다.
　'모티베이션 포트폴리오' 란, 개인이 어떠한 판단 기준에 의거하여 행동하는가를 파악하는 '사고 행동 특성' 과 개인이 어떠한 유형의 업무를 지향하는가를 파악하는 '직무 지향 특성' 이라는 두 가지 인재 포트폴리오 프레임으로 이루어져 있다.
　모티베이션 포트폴리오를 통해서 사원 한사람 한사람이 어떤 행동의 가치 기준을 가지고 있는가, 어떤 업무 스타일을 지향하고 있는가 하는 사고 행동이나 직무에 대한 '욕구(Want)' 를 파악할 수 있다. 즉 개인의 모티베이션 요인이 드러나게 되는 것이다. 개인의 모티베이션 요인을 파악함으로써 개인 능력을 최대한으로 신장시킬 수 있는 실마리를 찾아낼 수 있다.
　Chart 26을 살펴 보도록 하자.

CHART 26 사고 행동 특성의 프레임

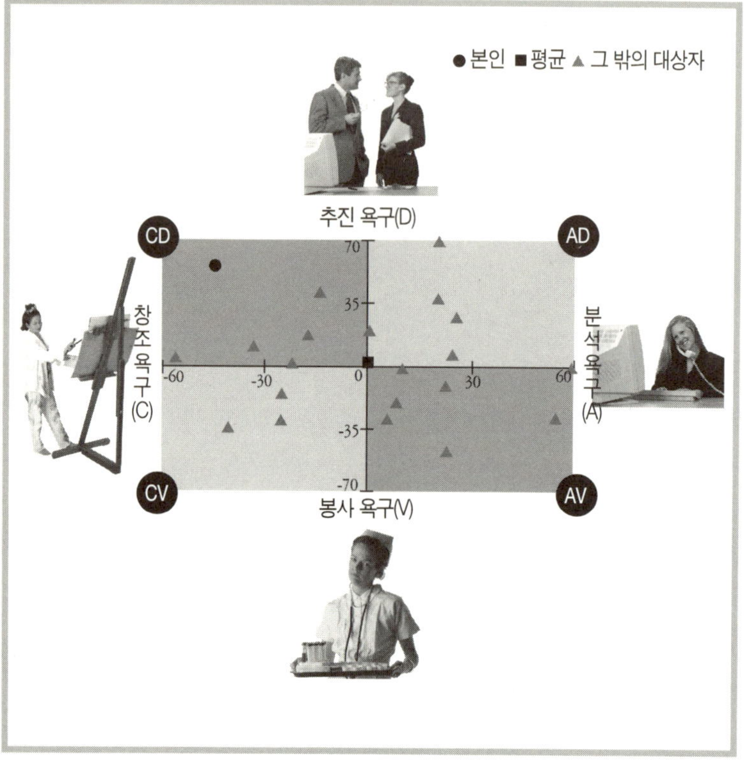

● 본인 ■ 평균 ▲ 그 밖의 대상자
추진 욕구(D)
CD
AD
창조 욕구(C)
분석 욕구(A)
70
35
0
-35
-70
-60
-30
30
60
CV
AV
봉사 욕구(V)

첫번째 '사고 행동 특성' 의 프레임을 보면, '추진(Drive)' 과 '봉사(Volunteer)' '분석(Analyze)' 과 '창조(Create)' 라는 두 축을 교차시켜 개인의 사고 행동 특성을 판단한다. '추진' 의 모티베이션은 스스로 강하게 희망하는 바를 달성하고자 하는 지배 욕구이고, 그 반대편에 있는 '봉사' 의 모티베이션은 갈등을 회피하고 다른 사람을 위해 최선을 다하려는 공헌 봉사 욕구이다. 그리고 '분석' 의 모티베이션은 복잡한 사물을 규명해 가면서 진리를 추구하려고 하는 논리 탐색 욕구이고, 그 반대편에 있는 '창조' 의 모티베이션은 자유

CHART 27 직무 지향 특성의 프레임

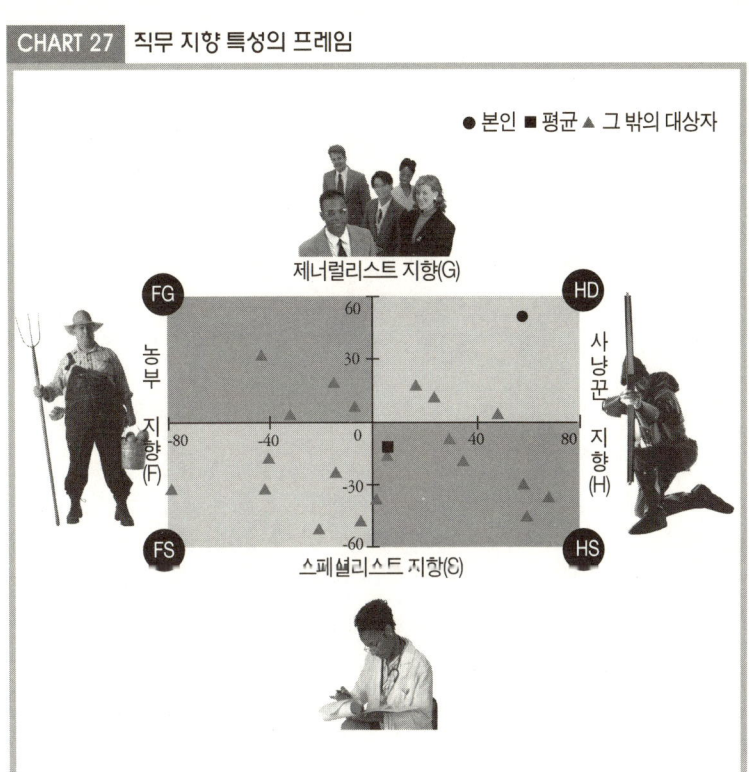

로운 발상으로 사물을 감각적으로 파악하려고 하는 감성 발산 욕구이다.

다음에 Chart 27을 살펴보자. 두번째 '직무 지향 특성'의 프레임에는 '사냥꾼(Hunter)'과 '농부(Farmer)', '제너럴리스트'와 '스페셜리스트'라는 두 축을 서로 교차시켜 개인의 직무 지향 특성을 판단한다.

'사냥꾼'은 종래의 제도나 관념(개념)으로 파악할 수 없는 혁신, 개척을 수행하면서 가치를 창출하는 '수렵형' 직무에서 모티베이션을 느끼고, 반대편에 있는 '농부'는 자신의 담당 업무를 심화시키면서 현상 유지를 하려고 하는 '농경형' 직무에서 모티베이션을 느낀다. 그리고 '제너럴리스트'는 광범위한 지식이나 경험을 가지고 조직 성과의 극대화를 목표로 하는 조직 중시 지향의 직무에서 모티베이션을 느끼고, '스페셜리스트'는 특정 분야에 대한 깊은 지식을 가지고 개인의 재량으로 매사를 추진하려고 하는 개인 중시 지향의 직무에서 모티베이션을 느낀다.

이 두 개의 매트릭스에 사원 한사람 한사람의 경향을 맵핑하고, 회사의 인재를 상대화함으로써 관리자는 각 구성원이 업무를 수행하는데 무엇을 중시하고 무엇을 중시하지 않는가를 파악할 수 있다. 다시 말해 회사의 인재를 상대화함으로써 조직 인사의 방향성을 훌륭하게 책정할 수 있기 때문에 각자의 모티베이션을 최대한으로 끌어올리는 매니지먼트가 가능하게 된다.

지금부터 '사고 행동 특성' '직무 지향 특성' 각 프레임의 의미와 활용 방법에 대해서 설명하겠다.

사고 행동 특성 프레임

추진 모티베이션 vs 봉사 모티베이션

우선 첫번째 프레임인 '사고 행동 특성'(Chart 26)의 '추진' 과 '봉사'에 대해 살펴보도록 하자.

'추진'의 모티베이션은 자신의 능력으로 강력해지길 희망하며, 강한 의지를 지니고자 하는 달성 지배 욕구이다. 성공을 거두고 싶다, 다른 사람들보다 훨씬 빼어나고 싶다는 지향성을 지닌다. 일반적으로 '승·패' '적·우군' 등에 구애되는 경향이 있다.

이에 반하여 '봉사'의 모티베이션은 주위의 요구에 부응함으로써 갈등을 피하고 다른 사람에게 성심 성의를 다하고자 하는 공헌 봉사 욕구이다. 사람들에게 필요한 존재가 되고 싶다, 보다 좋은 인간관계를 유지하고 싶다는 지향성을 지니며, 일반적으로 '선·악' '사랑·미움' 등에 구애되는 경향이 있다.

'추진' 과 '봉사' 를 비교했을 경우 '추진' 의 모티베이션을 지닌 사람은 프로세스보다는 성공이나 승리라고 하는 결과를 중시하고, 자신에게 채찍질을 가하면서 높은 목표를 향하여 주체적으로 움직이려는 욕구를 지닌다. 그러기 위해서 예를 들어 '추진' 경향이 있는 사람에게 의욕을 불러일으키기 위해서는 결과가 숫자로 명확하게 드러나는 분야에서 그 사람과 비슷한 역량을 지닌 동료와 경쟁적인 환경에 배치하는 것이 효과적이다.

　그러한 환경에 배치되었을 경우 '추진' 경향을 지닌 사람은 동료에게는 절대 지지 않으려 하기 때문에 보다 좋은 결과를 이루어내려고 전력을 기울여 매진할 것임에 틀림없다. 그리고 다른 사람보다 뛰어난 리더십을 발휘하려고 하는 경향을 지니고 있기 때문에 먼저 집단의 리더 역할을 부여하여 보다 좋은 결과를 끌어내는 것도 좋은 방법이 될 것이다. 한편, 목적이나 결과가 애매 모호한 사안에 대해서는 스트레스를 느끼기 때문에 목표나 결과가 수량 등에 의해 명확하게 드러나고 자신의 실적 또한 드러나는 환경을 부여하는 것이 중요하다.

　반대로 '봉사' 의 모티베이션을 지닌 사람은 승리나 성공을 자발적으로 추구하려 하기보다는 목표 달성까지의 과정을 중시하고, 자신의 일보다는 다른 사람을 위해 분발하는 것을 가치있게 여긴다. 그들의 공헌에 대해서 감사의 기분을 나타내주는 것이 무엇보다 중요한 모티베이션 상승의 요인이 된다. '리더' 역할보다는 리더를 확실하게 지원하는 '내조자' 역할을 선호하는 인재가 많다. 반대 경쟁이 격심한 풍토에 배치하기라도 하면 어찌할 바를 모르기 때문에 평화적이고 은밀한 환경을 배려하는 것이 중요하다.

분석 모티베이션 vs 창조 모티베이션

다음으로 '사고행동 특성'(Chart 26)의 '분석'과 '창조'의 축을 살펴보도록 하자.

'분석'은 모든 사실과 현상을 분석적으로 파악하고 복잡한 세상사를 규명하여 진실을 추구하려고 하는 논리 탐구 욕구이다. '분석'은 "사고의 예리함을 체득하고 싶다, 객관적인 관점을 갖고 싶다"라는 지향성을 지닌다. 일반적으로 '참·거짓' '원인·결과' 등에 좌우되는 모티베이션 경향이 있다.

이와 반대로 '창조'는 풍부한 상상력과 자유로운 발상으로 사물을 감각적으로 파악하려는 감성 발산 욕구이다. "자신을 표현하고 싶다, 개성적인 존재가 되고 싶다"라는 지향성을 지닌다. 일반적으로 '좋아함·싫어함' '아름다움·추함' 등에 구애되는 경향이 있다.

'분석'과 '창조'를 비교했을 경우 '분석' 경향을 지닌 사람은 사물의 구조를 연구하면서 복잡한 현상의 배경을 규명하려고 하는 등 말 그대로 분석적인 사고를 선호한다. 복잡한 것을 생각하는데 있어 뛰어난 반면 조잡한 사안이나 합리적인 의미를 부여하기가 힘든 업무에 대해서는 스트레스를 느낀다.

예를 들어 영업의 수치 목표만을 강조하면서 '여하튼 열심히 뛰어봐!'라는 식의 명령을 받게 되면 전적으로 반발을 느끼는 유형이다. '분석' 경향의 사람들이 좌절감을 느끼지 않으면서 업무를 수행하도록 하기 위해서는 먼저 그 업무의 배경이나 의의, 논리적인 접근 방법 등을 논리 정연하게 전달하여 그 내용을 납득시킬 필요가 있다.

반대로 '창조' 경향을 지닌 사람은 자신의 개성적인 발상을 토대로 자유롭게 행동하는 것을 선호한다. 자기다움을 표현하려고 하는 욕구에 충실한 반면 이미 상세하게 결정되어 있는 사항이나 견고한 틀에 구속받는 것을 싫어한다. 예컨대 업무 방식을 자세하게 결정해 놓고 그대로 실행하는 것에 강한 저항을 느끼는 유형이다.

'창조' 경향의 사람들이 스트레스 없는 활동을 하도록 하기 위해서는 큰 틀만을 주고 상세한 방법은 개인의 창의적인 연구에 맡기는 식으로 하는 것이 요점이라고 할 수 있다.

직무 지향 특성 프레임

사냥꾼 모티베이션 vs 농부 모티베이션

다음에 두번째 프레임인 '직무 지향 특성'(Chart 27)의 '사냥꾼'과 '농부'에 대해 살펴보도록 하자.

'사냥꾼'은 종래의 제도나 개념에 사로잡혀 있지 않고 새로운 분야에 과감하게 도전하려고 하며 혁신과 개척을 선호하는 유형이다. 미지의 영역에서 시행 착오를 하면서도 신속하게 가치를 창출해 내려고 하는 '수렵 민족' 이다.

이와 달리 '농부'는 기존 체제나 사고 방식을 답습하면서 특정 영역의 경험을 축적하려고 하는 유지 운용 유형이다. 자기 담당 업무를 확실하게 심화시켜가면서 현상을 지속하려 하는 '농경 민족' 이고 무엇인가를 개선하려고 하는 성향이 강하다.

'사냥꾼' 인가 '농부' 인가 하는 관점에서 보면 '농부' 지향의 사람은 상당히 높은 성장을 계속하는 시장에서 업계의 관습이나 규제로 인해 진입 장벽이 높고 상품의 라이프 사이클이 긴 사업 분야에서 종사하는데 적합한 경향이 있다. 이러한 상황에서는 과거의 성공 체험이 장기간에 걸쳐 유효하기 때문에 시장에서 무엇을 하면 좋을 것인가 읽어내기 쉽다. 연구 개발이나 마케팅보다는 생산 관리, 비용 절감(Cost Down), 품질 관리(Quality Control) 등의 수단으로 개선, 실행을 추진하는 인재가 요구되기 때문이다.

한편 '사냥꾼'은 불투명하고 변화가 격심한 시장에서, 상품의 라이프 사이클이 짧고, 독창성(Originality)이 높은 상품과 기술을 지속적으로 개발해야 하는 상황에 적합하다. 일상적으로 새로운 시장을 발견하고 창조를 지속하지 않는 한 살아남을 수 없는 환경에서 시행 착오를 거듭하면서 개선·개량의 차원을 뛰어넘는 창조력이나 기획력으로 승부하는 인재가 요구되기 때문일 것이다.

현재의 상황을 시장 환경만을 놓고 본다면 후자의 환경적 요소가 전반적으로 강하다. 즉, 성숙되어 포화상태에 달한 시장, 특히 과거의 경제 성장을 지지해온 주력 산업 분야에서는 압도적으로 '사냥꾼' 형의 인재를 요구하고 있다. 장기간에 걸쳐 안정적인 성장이 지속되었기 때문에 '농부' 형 직무 지향과 행동 유형의 인재가 많고, 특별히 외부에서 조달하거나 사내에서 육성할 필요가 없는 경우가 대부분이다.

그러나 한편으로 일시적인 IT 붐을 타고 주가를 올린 수 많은 신흥 벤처 기업 등에서는 '사냥꾼' 형의 인재들만이 모여 새로운 비즈니스 모델을 창출하였다고 해도 이를 확실하게 유지 운용할 수 있는 '농부' 형 발상이 없기 때문에 기업의 수명을 단축시키고 있는 사례도 다수 나타나고 있다.

제너럴리스트 모티베이션 vs 스페셜리스트 모티베이션

한편, '직무 지향 특성'(Chart 27)의 '제너럴리스트' 와 '스페셜리스트'는 업무의 성과를 조직 축으로 파악할 것인가 아니면 개인 축으로 파악할 것인가 하는 지표가 된다.

'제너럴리스트'는 조직이나 부서에서의 일체감을 중시하고, 조직성과를 극대화하고자 하는 조직 중시 지향을 보인다. 광범위한 지식이나 경험을 지니려고 하며, 조직을 위해 이를 활용하면서 개인의 개성과 기능을 전체 최적의 관점에서 파악하려고 하는 경향이 있다.

'스페셜리스트'는 개인 성과를 최대화하고자 하며, 자신의 재량하에 모든 일을 진행하려고 하는 개인 중시 경향이 강하다. 특정 분야에 대한 심오한 지식이나 뛰어난 기술을 지니려고 하며, 전문 능력을 개발하고 발휘하려고 한다.

'제너럴리스트' 인가 '스페셜리스트' 인가 하는 관점에서는 시장의 요청과는 관계없이 어떤 회사에서도 '제너럴리스트' 와 '스페셜리스트'는 함께 존재해야 한다. 어느 한 쪽으로 치우치면 제대로 된 회사로서 기능을 발휘하지 못하게 된다.

조직이 작은 벤처에서는 전원이 기술자로 이루어진 스페셜리스트만의 집단도 존재하겠지만, 회사가 성장하기 위해서는 회사의 매니지먼트 팀이 필요하다는 점은 지금까지의 역사가 증명하고 있다. 어느 정도 규모가 되면 성장이 정체되어 버리는 벤처 기업들을 보면 기술자 집단이나 창의적 집단 등 소위 스페셜리스트들이 모여 창업한 경우가 많다. 인원수가 증가하고 조직 규모가 커지면 확실히 매니지먼트를 담당하는 사람이 필요하게 되고, 또 총무, 인사, 경리 등 회사의 경영 기반을 전체적으로 관리하면서 강화해 나갈 수 있는 인재가 반드시 필요한 법이다.

'기술자 집단' '창조자 집단'을 자랑거리로 내세우는 회사가 있는데, 매니지먼트 팀을 조기에 구축하지 못할 경우 규모를 확대할 수도 없고, 또 경영 전략을 명확히 정립하지 못한 채 갈팡질팡하는 경우가 적지 않다. 조직이 존속하기 위해서는 '제너럴리스트'와 '스페셜리스트' 양자 사이의 양적·질적인 균형이 반드시 필요하다.

조직으로서의 모티베이션 포트폴리오

　지금까지 설명한 '직무 지향 특성'을 회사 전체적으로 조사해 보면, 조직 전체를 구성하는 인재 유형이 어떤 경향인가 파악할 수 있다. 조직 전체의 경향을 보면, 조직 성립 경위나 업종 등에 따라서 독지적인 인재 포트폴리오, 편향성을 확인할 수 있다. 또한 시장이나 사업의 현상, 조직의 발전 단계 등에 따라서도 조직을 강화하는 데 필요한 인재 유형이 변하고 있음을 알 수 있다. 따라서 이러한 점들을 참고 삼아 조직의 전체 '직무 지향 특성'을 인재 포트폴리오 측면에서 파악하고 전략적으로 매니지먼트해 나가는 것이 가능하다.
　대규모 식품 제조업체(Chart 28)와 IT 벤처기업(Chart 29)의 사례를 살펴보자.
　대규모 식품 제조업체는 기업 성장이 둔화되기 시작하자 신제품 개발과 신시장의 개척 등 혁신적이고 창조적인 작업에 박차를 가하고 있었다. 그림에서 보듯 사원 대다수는 과거에 고도 성장을 지속해온 경제 환경 속에서 기존 시장을 깊게 파고들면서 안정적인 성장을 지향하는 풍토에 젖어 있었다. 앞으로 이 기업에서 혁신적인 풍토를 조성하려면 사냥꾼 지향을 가진 인재를 채용하여 기존 사원의 의식개혁을 적극적으로 추진하지 않으면 안 된다.

다음에 IT 벤처(Chart 29)의 예를 살펴보자. 이 IT 벤처는 스페셜리스트 집단으로 출발하였다. 개인적으로 창조성, 혁신성을 발휘하고자 하는 유형이 대부분이다. 따라서 확대를 도모하면서 유지 운용을 지향하는 농부형 인재가 필요하며, 사냥꾼 중에서도 새로운 비즈니스모델을 만들어 조직으로서의 성공을 지향하는 제너럴리스트형의 인재 확보가 급선무라는 점을 알 수 있다.

이러한 조직의 과제를 해결할 방안은 뒤에 기술하겠지만, 현재의 조직을 조감하면서 현상을 파악하게 되면 조직의 인사전략을 어떤 방향으로 운용해야 할 것인지 자명하게 드러난다. 그런 전략적 토대 위에서 장래의 비전에 맞추어 어떤 영역의 어떤 직위에 어떤 직무 지향 특성을 가진 인재가 필요한가를 통찰하고, 현재의 배치가 잘 되어 있는지 여부를 점검하는 것이 필요하다. 이렇게 함으로써 만족스럽지 못한 직위에는 거기에 요구되는 직무 지향을 지닌 인재로 내부에서 바꿔주거나 내부 조달이 여의치 못하다면 외부에서 조달하는 등의 방안을 강구해 나가야 한다. 그런 방식으로 조직 전체의 인재 포트폴리오 균형을 매니지먼트하고 동시에 사원의 '욕구'에 대해 가능한 범위에서 환경을 정비하여 주는 것이 조직의 모티베이션 향상으로 연결된다는 것은 두말할 필요도 없다.

물론 개인의 욕구를 만족시켜 주었다고 해서 조직이 온전히 기능을 발휘할 수는 없으며 목표로 삼은 이익이 창출될 수도 없다. 조직

CHART 28 대규모 식품 제조 업체의 사례

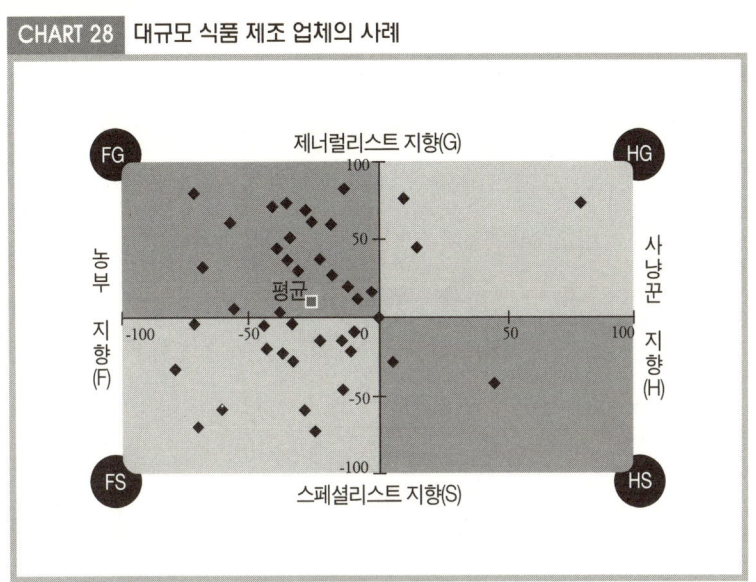

CHART 29 IT 벤처 기업의 사례

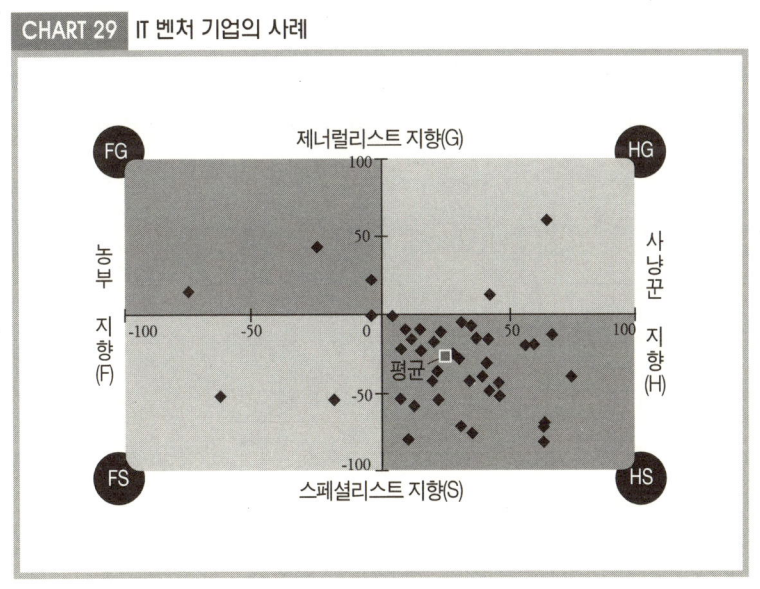

5장 개인의 모티베이션 마케팅 | 141

의 비전을 책정해가면서 동일한 방향으로 사원들의 욕구도 이끌어 나가는 것, 다시 말해 조직과 개인의 욕구 방향성(Vector)을 일치시키는 매니지먼트 시책이 있어야 한다.

　이미 기술하였듯이, 미국식 '전략 지상 주의' 가 횡행하면서 수 많은 기업이 기업 차원의 전략에 따라 인사 시책을 결정하고 있다. 따라서 개인의 목표는 전략을 분해한 것에 불과한 실정이다. 사원이 지향하는 바, 다시 말해 '하고 싶은 일' 을 무시하고 '해야만 하는 일' 을 명확히 하는데 모든 능력을 기울여 왔다. 그리고 결과를 중시하는 '전략 지상주의' 하에서 매출이나 이익의 극대화를 꾀한다는 명목으로 그 회사에 오랜 기간에 걸쳐 조성되어 온 '조직 풍토' 를 무시하는 전략을 취한 경우도 적지 않았다. 그로 인해서 사원들의 모티베이션이 급속히 저하되는 결과가 초래되었다.

　'풍토' 란 사원 각자가 취하는 행동 유형의 집대성이다. 바람직한 행동인가 아닌가를 판단하는 기준은 모두 이 풍토에 의거한다. 타사의 전략은 모방할 수는 있어도 풍토는 좀처럼 모방할 수 없는 이유가 바로 여기에 있다. 전략은 곧바로 바꿀 수 있지만 단기간에 사원이 지향하는 행동을 바꾸기는 어렵다. 다시 말하면, 전략에 맞추어 풍토를 변화시키기보다 풍토에 맞추어 전략을 결정하는 편이 용이하면서도 효과 또한 높다는 얘기다.

　장기적인 관점에서 볼 때, 기업이 확고한 전략을 책정하고자 노심초사할 필요는 없다. 오늘날과 같이 변화가 격심한 시장 환경에서 3년 뒤를 염두에 둔 전략을 수립하는 것은 그다지 의미있는 일은 못 된다. 또한 전략은 전환하려고 생각하면 곧바로 바꿀 수 있다.

　그러나 풍토를 육성하는 데는 오랜 시간이 걸린다. 기업은 이미 존재하는 풍토를 중요시하면서도 사원 전체가 영속적인 성장을 실현할 수 있는 풍토를 조성해 나가야 할 것이다.

앞에서 전략 지상 주의는 '전체 주의'이며, 전체를 위해 '개인'을 희생하도록 하는 체제라고 기술하였다. 이는 개인 모티베이션의 유지나 향상을 저해하는 요인이며, 영속적인 성장을 지향하는 풍토와도 대립되는 것임을 잊지 말아야 한다.

'사고 행동 특성'과 '직무 지향 특성'을 체크한다

　모티베이션 엔지니어링에 대해서는 어느 정도 이해했으리라 생각한다.

　여기서는 간단한 체크시트(점검표)를 소개하고자 한다(Chart 30). 자신의 '사고 행동 특성'은 무엇인지, 그리고 조직 구성원의 '직무지향 특성'은 어디에 위치하고 있는지에 대해, 스스로 체크해 보도록 하자.

CHART 30

체크리스트 ① 사고행동 특성

[추진형]
- ☐ 어려운 목표를 달성했을 때 최고로 기쁘다
- ☐ 많은 사람들을 누르고 자기가 일등을 했을 때 몹시 기쁘다
- ☐ 선언한 일을 실현할 수 없다면 부끄럽기 짝이 없다
- ☐ 언제나 높은 목표를 향해서 달리고 싶다
- ☐ 자신의 실적을 보여주는 점수나 순위에 민감하다
- ☐ 도전적인 일을 지시받으면 열중하게 된다
- ☐ 목표가 애매 모호하고 막연할 때에는 스트레스를 느낀다
- ☐ 자신은 지는 것을 싫어한다고 생각한다

[봉사형]
- ☐ 다른 사람들을 위해 진력을 다하고, 감사하다는 답례를 받을 때 최고로 기쁘다
- ☐ 많은 사람들이 자신을 마음으로부터 지지해주는 것이 몹시 기쁘다
- ☐ "그다지 도움이 되지 않았다"라는 말을 들으면 충격을 받는다
- ☐ 사람들을 위해 열심히 노력하고 싶다
- ☐ 사람들이 자신에게 마음을 쓰는 것 이상으로 사람들을 위해 마음을 쓰고 있다
- ☐ 다른 사람을 위해 노력하는 것을 아깝게 생각하지 않는다
- ☐ 상대가 좋든 싫든 상관없이 뭔가 도움이 되려고 수고를 다한다
- ☐ 사람들이 자신에게 호감을 가지고 있다고 생각한다

[분석형]
- ☐ 복잡한 사물의 본질을 꿰뚫어 "알아냈다!"고 생각할 때 최고로 기쁘다
- ☐ 분석해야 할 과제나 문제 해결의 실마리를 찾아낼 때 몹시 기쁘다
- ☐ "당신 얘기는 모순된 것 같군요"라는 식의 말을 들을 때 충격을 받는다
- ☐ 복잡한 사안에 대해 깊이 파고드는 것이 좋다
- ☐ 자기 스스로 도출해낸 답에 구애되는 경향이 농후하다
- ☐ 자신은 탐구심이 강하다고 생각한다
- ☐ 주변 사람들로부터 "까다로우시군요"라는 말을 듣는다
- ☐ 사람들의 말에 쉽게 납득하지 않으며 우선 자기 스스로 생각해본다

[창조형]
- ☐ 자신의 개성적인 발상이 주위 사람들의 주목을 집중시킬 때 최고로 기쁘다
- ☐ 머리 속의 아이디어를 척척 꺼내놓을 때 몹시 기쁘다
- ☐ 자신의 발상에 대해 "흔해빠졌다"라는 얘기를 들으면 충격을 받는다
- ☐ 주변 사람들이 "앗!" 하고 감탄사를 내뱉을 만한 일을 하고 싶다
- ☐ 자신의 개성이나 작품에 대한 애착이 강하다
- ☐ 자신은 독창성이 강하다고 생각한다
- ☐ 주변 사람들로부터 "참 색다르네요"라는 말을 듣는다
- ☐ 사람들과의 대화로부터 이미지를 확장시켜 다른 대화로 전개시켜 나간다

체크리스트 ② 직무 지향 특성

[제너럴리스트]
- ☐ 스포츠를 한다면 단체 경기를 선호한다
- ☐ 한 가지 업무를 계속 추구하기보다는 복수의 업무에 관여하고 싶다
- ☐ 일체감이 있는 조직에서 근무하고 싶다
- ☐ 운동 선수(Player)보다는 전체를 지휘하는 감독이 되고 싶다
- ☐ 항상 조직 전체를 멀리 넓게 보는 관점을 가지고 싶다
- ☐ 다소의 승급보다도 권한이 큰 직위를 맡고 싶다
- ☐ 부서의 분위기에 만족할 수 있다면 회사의 규모는 그다지 따지지 않는다

[스페셜리스트]
- ☐ 스포츠를 한다면 개인 경기를 선호한다
- ☐ 다양한 업무보다도 특정의 영역에서 권위가 있는 존재가 되고 싶다
- ☐ 집단 행동을 번거롭다고 느끼는 경우가 많다
- ☐ 감독이 되기보다는 일류라고 일컬어지는 운동 선수가 되고 싶다
- ☐ 주위에 의해 좌우되는 것이 아니라 자신의 페이스로 업무를 진행하고 싶다
- ☐ 다소의 승급보다도 전문성을 키울 수 있는 업무를 맡고 싶다
- ☐ 개인의 전문 능력을 높이고 싶다
- ☐ 스킬(skill)을 연마할 수 있는 업무라면 회사의 규모는 그다지 따지지 않는다

[사냥꾼형]
- ☐ 전례가 없는 업무를 하는 것이 즐겁다
- ☐ 지금 필요한 일보다는 장래에 중요해질 일에 관심을 갖는다
- ☐ 경험이 축적되는 것보다는 새로운 것을 착안하는 일을 중시한다
- ☐ 규율이나 질서에 속박되고 싶지 않다
- ☐ 다른 사람과는 색다른 방법으로 업무를 진행하고 싶다
- ☐ 지금까지 누구도 생각하지 못했던 방법을 생각해내는 일을 좋아한다
- ☐ 약간 개선하기보다는 근본적으로 개혁하는 편을 좋아한다
- ☐ 새로운 것을 생각해내면 즉시 시도해보게 된다

[농부형]
- ☐ 매사에 있어 과부족없이 정확하게 하는 것을 선호한다
- ☐ 장래에 중요해질 일보다는 지금 필요한 것을 우선한다
- ☐ 착안점이 신선한 쪽보다는 경험을 축적해 나가는 쪽을 중시한다
- ☐ 규율이나 질서가 확실한 조직에서 근무하기가 편하다
- ☐ 책임 범위가 명확한 업무를 하고 싶다
- ☐ 과거의 경험이나 방법을 답습하는 것이 합리적이라고 생각한다
- ☐ 사전에 준비를 할 수 있고, 계획적으로 진행되는 업무를 하고 싶다
- ☐ 결정된 것을 그대로 하지 않으면 마음이 진정되지 않는다

MOTIVATION COMPANY

Chapter 6

기업 조직의 4가지 형태와 모티베이션 증상

Four Mode of
Corportate Organization &
Each Motivation Symptoms

- 기업 조직의 4가지 모드 ▶ '시행 → 확대 → '다각 → 재생
- 확대 모드에서 나타나는 모티베이션 증상
- 다각 모드에서 나타나는 모티베이션 증상
- 재생 모드에서 나타나는 모티베이션 증상

기업 조직의 4가지 모드

▶ '시행' → '확대' → '다각' → '재생'

 기업 조직은 그 규모나 업종에 관계없이 어느 정도 동일한 모티베이션 문제로 고민하고 있다. 이 장에서는 이러한 문제가 왜 일어나는가, 그리고 그 근본적인 원인이 무엇인가에 대해 살펴보겠다. 이에 앞서 기업 조직에는 몇가지 형태의 모드가 존재한다는 사실을 확인해 두고자 한다.
 기업을 '환경에 적응하면서 성장하는 생물과 같은 존재'라고 본다면 그 대상이 되는 환경은 '외부 환경'과 '내부 환경'으로 나눌 수 있다.
 "어떻게 고객의 마음을 붙잡아 대가를 받을 것인가"라는 명제에 관계되는 것이 외부 환경 대응이요, "어떻게 사원의 마음을 붙잡아 공헌 활동을 이끌어낼 것인가"라는 명제에 관계되는 것이 내부 환경에 대한 대응이다. "어떻게 고객을 붙잡을 것인가"라는 외부 환경 적응을 고려하지 않는 사업은 머지않아 고객이 떠나버릴 것이므로 실패하기 마련이다. 시장은 항상 변하고 있다. 대가를 지급할 만한 충분한 가치를 가지고 있고 경쟁사보다도 뛰어난 서비스를 제공할 수 있다고 고객이 믿게 만들어야 한다. 이러한 고객 관점을 지속적으로 유지하는 것이야말로 경영자에게 요구되는 중요한 책무다.

이러한 외부 환경 대응에 비하여 내부 환경에 적응하는 문제에 대해서는 충분한 논의나 검토가 이루어져 왔다고 말하기에는 다소 어려움이 있다. 인재 유동화의 위기는 기업 경영자들로 하여금 내부 환경에 적응하는데 보다 많은 노력을 기울일 것을 요구하고 있다. "어떻게 하면 타사에서 근무하는 것보다 더 의미 있다고 느낄 것인가" "더욱 더 질 높은 업무를 할 수 있도록 성장하고 싶다" 라고 생각하는 구성원들의 모티베이션을 높여주지 않는 한, 외부 환경 적응을 위한 전략도 제대로 기능을 발휘하기 힘들어진다. 외부 환경 적응과 내부 환경 적응이 때로는 서로 이율배반적이어서 양립하기 곤란한 경우가 있을 수 있다. 고객에게 가치가 있다고 인정받을 수 있는 서비스를 지속적으로 제공하면서 동시에 사원에게도 자기 회사에서 근무할 만한 의미가 있다는 생각이 들도록 하는 모티베이션 요인을 지속적으로 제공하는 일은 경영자에게는 고민과 갈등의 원인이 된다.

외부 환경 적응과 내부 환경 적응을 동시에 실현하기 위해서는 먼저 외부 환경 적응의 상황에서 기업 조직의 모드(Mode; 방식)를 다음 네 가지로 분류하여 생각해보자.

① 시행 모드　　새로운 사업을 궤도에 올려놓기 위해서 시행 착오를 반복하는 모드

② 확대 모드　　니즈(Needs)가 급격히 증가하는데 대응하기 위해 단숨에 사업 규모를 확대하는 모드

③ 다각 모드　　새로운 시장에 진출한다거나 신상품을 제공하는 등 파생 사업으로 다각화하는 모드

④ 재생 모드　　시장이 성숙기로 돌입함에 따라 오래된 사업의 쇄신 작업(Reform)을 실시하는 재생 모드

이상의 네 가지 모드는 한 기업 속에서 서로 중복되면서 일어나며, 시간석으로도 일정 시기를 경계로 명확하게 구분되지 않는다. 그러나 많은 기업의 성장 사례를 분석해보면 거의 모든 기업이 시행 모드에서 확대 모드로, 확대 모드에서 다각화 모드로, 그리고 결국에는 모드로 이행하는 동일한 궤적을 그린다. 그리고 기업의 규모나 업종과는 상관없이 각각의 모드에서 기업 조직이 뛰어넘어야 할 장애물에 일정한 공통성이 존재한다.

모티베이션 엔지니어링의 관점은, 기업이 외부 환경에 적응하는 과정에서 필연적으로 겪게 되는 모드 교체기에 과연 조직 내부에 어떠한 모티베이션 증상이 발생할 수 있는지를 사전에 예측하여 내부 환경 적응과 외부 환경 적응을 동시에 실현하는 것을 용이하게 해준다.

그러면 지금부터 각 모드별로 외부 환경에 적응하는데 있어 나타나는 사업 과제를 상세히 살펴보도록 하자.

CHART 31 기업 조직의 네 가지 모드

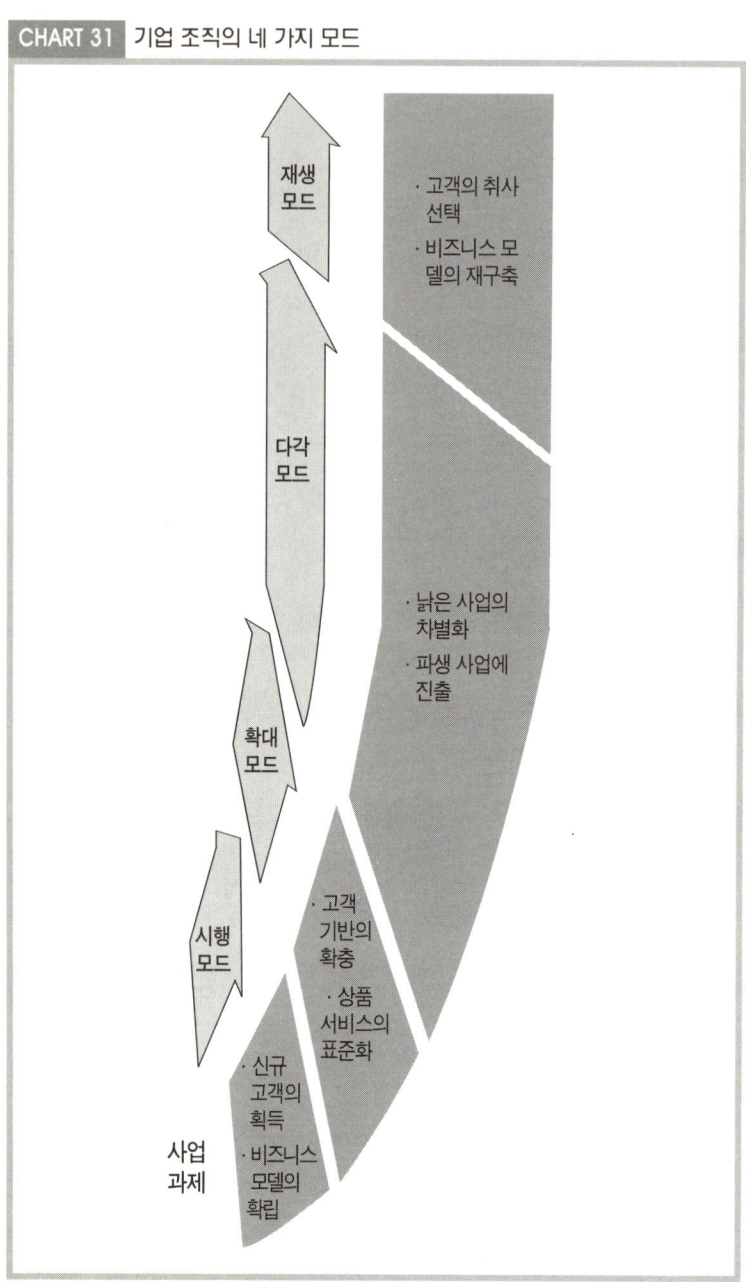

'시행 모드'에서의 사업 과제

외부 환경 적응 테마 …… '신규 고객의 획득'과 '비즈니스 모델의 확립'

새로운 사업을 궤도에 올려놓기 위해 시행 착오를 반복하는 모드이다. 신규 고객을 획득하기 위해 노력하고 임기 응변의 대응을 해 나가면서 일정한 성공 패턴을 모색하는 상황이다. 성공 패턴이 확립되어 시장의 수요가 급격하게 확대되면 확대 모드로 돌입한다.

'확대 모드'에서의 사업 과제

외부 환경 적응 테마 …… '고객 기반의 확충'과 '상품 서비스의 표준화'

시행 모드를 교체하면서 단숨에 성공 패턴으로 나가는 모드이다. 수요 증대에 대응해야 하며 신속하게 시장에 침투해 나간다. 영업 지역이나 대상 고객의 확대를 계기로 조직 규모가 비대해지기 때문에 품질 저하나 업무 효율의 악화를 초래할 위험이 있다. 급격한 성장을 떠받치는 '고객 기반의 확충'과 '상품 서비스의 표준화'가 중요한 과제가 된다.

'다각 모드'에서의 사업 과제

외부 환경 적응 테마 …… '낡은 사업의 차별화'와 '파생 사업으로의 진출'

낡은 사업에서는 고객 만족을 높여 나가면서 안정 성장을 담보하기 위해서 사업의 복선화를 꾀하는 모드이다. 낡은 사업은 수요가 확대되면서 경쟁 대책을 세워야 할 필요성이 증가한다. 그리고 낡은 사업의 성숙기에 접어들면서 나타날 리스크를 회피하기 위해 일정한 자원을 배분하여 본업에서 파생하는 신규 사업을 시작한다.

'재생 모드'에서의 사업 과제

외부 환경 적응 테마 …… '고객의 취사 선택'과 '비즈니스 모델 재구축'
낡은 사업이 성숙기로 돌입함에 따라 새로운 가치 창출을 모색하는 모드이다. 성장을 떠받쳐온 낡은 사업의 성공 요인을 백지로 돌리고 낡은 사업을 '허물면서' 새로운 사업을 '만들어내는' 작업이 요구된다. 자원 배분의 선택과 집중을 통해 '고객의 취사 선택'에 의한 효율화와 '비즈니스 모델의 재구축'에 의한 새로운 가치 창조 작업을 병행한다.

이상에서와 같이 기업 조직은 외부 환경에 적응하기 위하여 적절한 타이밍에 모드를 교체해나가야 한다. '모드 변혁(Mode Change)'이 지연되면 기업으로서는 사활의 문제가 생긴다. 환경에 적응하지 못하는 기업은 시장에서 도태되기 때문이다. 그러나 여기서 고민스러운 문제가 떠오르게 된다. 바로 내부 환경 적응의 문제이다. 조직이나 문제나 모티베이션 문제의 대부분은 바로 모드 변혁의 시기에 한꺼번에 분출하기 때문이다. 모티베이션 엔지니어링에서는 이러한 문제를 모드 변혁 시점에서 일어나는 숙명적인 증상으로 간주하고 이를 사전에 예측해낸다. 그리고 적절한 대책을 시행함으로써 내부 환경 적응 문제를 제거해 나간다. 다음 항에서는 각각의 모드에서 나타나는 전형적인 모티베이션 증상들에 대해 상세하게 설명하고 근원적인 원인에 대해서도 기술하기로 한다.

확대 모드에서 나타나는 모티베이션 증상

이 모드는 상품 서비스가 시장에서 평판을 얻어 수요가 신장됨에 따라 이에 대응하면서 한층 더 시장 침투를 가속시키고자 속도를 높이는 모드이다. 그러나 조직 내부에서는 급격한 확대에 따른 품질 문제나 업무 효율의 저하 등의 왜곡이 일어나기 쉽다. 시행 모드 시기에 보여주었던 조직내 응집력도 유지하기가 어려워지며 적절한 대응을 하지 못하면 조직의 붕괴를 초래할 위험성도 있다.

그러면 확대 모드로 들어가면 어떤 상황이 발생할 것인가? 이를 '사람(人)'이 아니라 '관계(間)'의 관점에서 살펴보도록 하자. 아래에 있는 조직 내부의 대화를 보면서 '누구와 누구'의 관계에서 심리적 장애가 발생하는지 이미지를 떠올려보자.

▶ 관리자와 조직 구성원

"어떤 일을 열심히 하면 평가받을 수 있나요?"

"이 질문은 누구에게 하면 좋은가요?"
"이 업무가 정말로 의미가 있나요? 쓸데없는 중복은 아닌가요?"
"바빠서 상사나 선배와 좀처럼 커뮤니케이션을 갖기 어렵습니다"

▶ 경영자와 고참 간부

"왠지 최근 들어 신뢰받지 못하고 있는 기분이 든다"
"사장님, 변하지 않고서는 돌파할 수 없어요"
"애써 생각해왔던 것인데 갑자기 뒤집어 엎어버리다니!"

▶ 현장과 본부

"바쁘신 것은 알겠습니다만 조금 협력해주시면 좋겠습니다."
"배려가 부족하지는 않습니까?"
"매출에 매달리는 것은 알겠습니다만…"

▶ 창업 이래의 고참 구성원과 신입 구성원

"왜 그렇게까지 열심히 하시는지?"
"이제 슬슬 자립하시지요"
"아무리 해도 업무가 끝나지 않는군요…"

급격한 확대로 인해 조직 내의 커뮤니케이션에 문제가 생기고 있는 것이다. 확대 모드로 교체될 때에는 어떠한 증상이 일어나는가, 그리고 그 증상의 원인은 무엇인가? 다음과 같은 5가지 전형적인 증상이 나타난다.

CHART 32 확대 모드의 증상

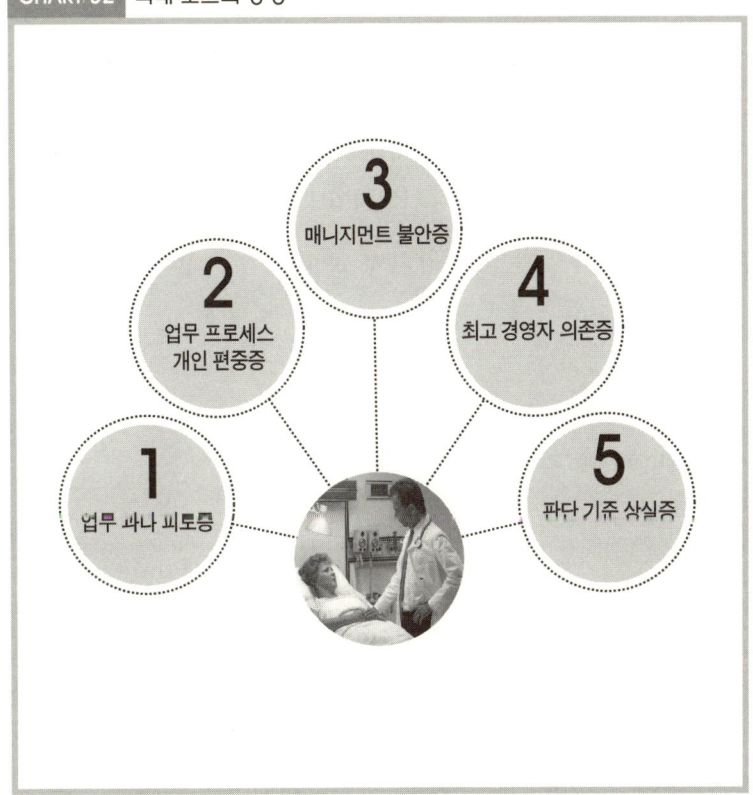

① 업무 과다 피로증

급격한 업무 확대에 따라 업무를 지지하고 수행하는 인적 자원이 만성적으로 부족하게 된다. 그리고 인원을 증대하여도 즉각적인 효과를 기대할 수 없기 때문에 당분간은 특정 사원에게 과다한 업무가 집중된다.

이 때문에 사내에 피로감이 만연하여 모티베이션의 저하를 초래한다.

② 업무 프로세스 개인 편중증

비대해진 업무량을 처리하는 시스템이 정비되어 있지 않기 때문에 모든 업무가 사람에게 귀속되어 수행되게 된다. 노하우(Know-how), 지식의 공유를 소리 높여 외치면서도 눈앞의 업무에 대응하는데 쫓겨 일정한 방향으로 진행되지 않는다. 결과적으로 성장을 거듭하면서 업무 효율이 악화된다. 특정 간부에게 과도한 업무 부담이 주어지고 업무 과다에 따른 피로증과 합병증이 나타나는 경우가 많다.

③ 매니지먼트 불안증

조직 내의 연결점을 담당해야 할 매니저가 매니지먼트에 시간을 할애할 여유를 갖지 못하여 현업 사원(Player)이 되어버린다. 매니지먼트가 기능을 발휘하지 못하기 때문에 비대해진 업무량을 효과적이고 효율적으로 수행하기 위한 조직 내의 역할 분담이 명확하지 않은 상태가 초래된다. 따라서 사원은 업무 범위나 관리 범위에 관한 스트레스를 안고 살아간다.

④ 최고 경영자 의존증

종래의 톱다운(Top-down)에 의한 사업 성공이 뿌리내리면서 조직 내에 최고 경영자와 경영 간부에 대한 의타심이 자라나게 된다. 증대하는 니즈에 대응하지 않으면 안 되는 '확대 모드'에서는 권한 위임에 의한 스피드의 향상(Speed-up)이 절대적인 조건이 되지만, 권한 위임이 제대로 이루어지지 않아 현장의 모티베이션이 저하되는 사례가 많이 발생한다.

⑤ 판단 기준 상실증

초창기에 사업을 일으킬 때 '시행 모드'를 경험해온 구성원과 그런 체험을 하지 못한 신규 구성원의 체험은 전혀 다르다. 조직의 확대와 더불어 '통과 체험의 격차'가 확대되고 회사관이나 사업관, 업무관 등의 차이로 인해 다양한 사안에 대한 판단 기준에는 차이가 발생한다. 이 때문에 신·구 쌍방의 구성원에게 '도대체 무엇이 올바른 판단인가'라는 동요가 발생하고, 그로 인하여 모티베이션 문제가 일어난다.

이와 같이 '확대 모드로 변혁하는 시기'에는 그 나름의 특유한 증상이 나타난다. 확대에 따라 인원이 증가하면서 과거와 같은 경영간부와의 1대 1 커뮤니케이션이 불가능하게 된다. 조직 내의 복잡한 커뮤니케이션 채널이 가속적으로 증대되어 혼란이 극에 달하는 것이 이 모드의 특징이다.

이 모드에서는 조직 내의 '기능 분화'나 '계층 분화'를 정비함으로써 매니저를 육성하고 '현장의 자립'을 서두르지 않으면 안 된다. 수 많은 벤처기업이 '시행 모드'에서 '확대 모드'로 진화해 나가지 못하고 소멸해버리는 사례들이 끝없이 이어지는 것도 바로 이러한 대응에 실패하고 있기 때문이다.

외부 환경에 적응하기 위한 '확대 모드'와 사원의 모티베이션의 방향을 가능한 한 일치시키는 전략적 조직 시책이 필요하다.

다각 모드에서 나타나는 모티베이션 증상

 이 모드는 낡은 사업을 차별화 시킴과 동시에 파생 사업도 일으켜 세우는 과정에서 작동하는 모드이다. 조직 전체의 일체감은 서서히 엷어지고 사업이나 지역, 직종이나 계층별로 하위 문화(Subculture)가 만들어진다. 경영 간부의 의사와는 반대로 경영층과 사원층의 심리적인 거리가 확대되고, 따라서 다양화와 거리 확대라는 두 가지 문제로 경영자가 고민하게 된다.
 그러면 다각모드로 돌입하면 어떠한 상황이 일어나는가, 확대 모드에서와 마찬가지로 '누구와 '누구'의 관계에서 '어떤 장애'가 일어 나는지를 살펴보도록 하자.

▶ **부서와 부서(또는 직종, 지역 등)**
 "저 부서의 일은 나로서는 모르는 일입니다"
 "내 업무의 관계가 어떻게 되는지 잘 모르겠군요"

▶ 낡은 사업과 신규 사업

"신규 사업만이 주목을 받고 있지만, 회사를 떠받치고 있는 것은 실은 우리들이죠"

"우리에게는 새로운 부하(負荷)가 많이 가해지고 있는데 평가는 받지 못하고 있고…"

▶ 현장과 본부

"어째서 그렇게 융통성이 없어요?"

"왜 지금 통일시키지 않으면 안 된다는 겁니까?"

▶ 관리자와 조직 구성원

"회사의 상황이나 다른 사업부의 정보를 가르쳐주고 싶지 않아요"

"상사는 경영층과 긴밀하게 커뮤니케이션을 취하고 있는 것일까?"

"다양한 구성원들이 포함돼 있어 관계자가 누군지 알 수 없으니…"

"지금까지의 방법으로는 구성원들이 따라오지 않는데…"

▶ 경영자와 사원

"도대체 이 신규 사업은 어떻게 되어가고 있나?"

"여러 가지 사업을 확장하고 있기는 한데, 도대체 회사가 지향하는 방향이 어디일까?"

다각화에 따라 기업 조직 안에서 '가로의 거리감'과 '세로의 거리감'이 증대되고, 의식면에서 일체감이 희박해지는 상황이다. 이 모드에서 나타나는 전형적인 증상은 다음과 같다.

CHART 33 다각 모드의 증상

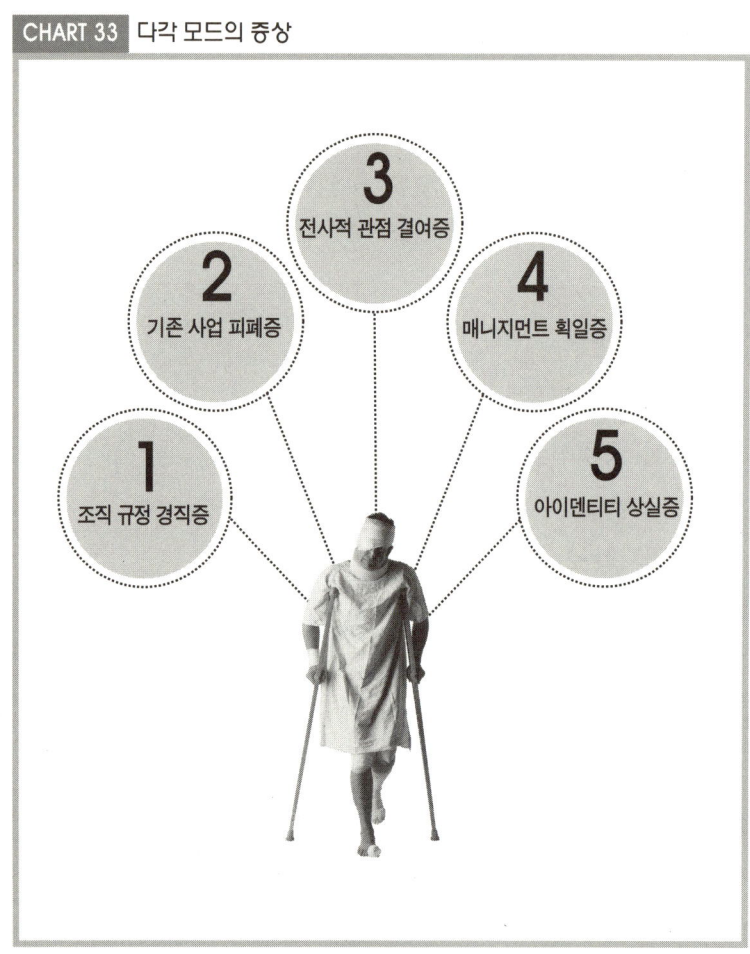

① 조직 규정 경직증

확대기에 도입한 규정이 사업 내용의 다각화에 제대로 대응하지 못해 야기되는 증상이다. 규정의 경직성이 필연적으로 나타나는 경우이며 신규 사업 등에 임기 응변적으로 규정을 적용시키지 못하면 규정에 대한 불신과 모티베이션 저하를 초래하게 된다.

② 기존 사업 피폐증

장래를 내다보며 추진하는 신규 사업을 떠받치고 있는 것은 낡은 사업에서 벌어들이는 이익이다. 그럼에도 불구하고 최고 경영자의 관심이나 회사 전체의 시각이 신규 사업에 집중되다 보니 기존 사업을 떠받치고 있는 인재들로부터 불평의 소리가 나오게 된다. "업무는 과다한데 주목은 받지 못하고 있다"라는 피로감 때문에 모티베이션 저하가 일어난다.

③ 전사적 관점 결여증

다각화하는 조직은 각각의 업무 단위(Unit)에서 일상의 업무에 쫓기다 보니 '목표 의식' 이나 '연대 의식' 이 희박해신나. 사기 부문의 이익이나 자기 부문의 방어를 최우선으로 하다보니 전사적 관점이 결여되어 다양한 장애가 초래된다. '자신' 과 '전체' 의 심리적 대립으로부터 야기되는 모티베이션 저하가 현재화한다.

④ 매니지먼트 획일증

다각모드에서는 목표도 다양화되고 조직을 구성하는 인원의 컬러도 다양해진다. 연결점을 담당하는 매니저의 매니지먼트 기법이 획일적이어서는 조직의 성과를 극대화할 수 없다. 새로운 가치관을 가진 인재가 획일적인 매니지먼트에 대해서 '꽉 닫힌 느낌' 을 받게 되어 모티베이션에 지장을 겪는 사례가 많다.

⑤ 아이덴티티 상실증

사업, 지역, 부서, 직종이 세분화되고 이에 따라 커뮤니케이션도

분단된다. 세분화되어 있는 전체를 묶어내는 '회사의 존재 의의' '공통의 가치관' 이 무엇인가에 대해서도 결핍감이 강해진다. 구성원 한사람 한사람이 전체에 대해서 느끼는 일체감이나 참여 의식이 희박해지기 때문에 아이덴티티의 상실과 그에 따른 모티베이션 문제가 야기된다.

이와 같이 '다각 모드로 변혁하는 시기' 에는 '다양화' 와 '거리감' 이 원인이 되는 증상들이 나타난다. 조직 전체의 복잡성은 한층 더 증대하지만 규정의 정비나 매뉴얼화로 어느 정도의 효율은 담보할 수 있다.

그러나 그 반작용으로 '관료주의' 와 '형식주의' 가 서서히 싹틀 위험성도 있다. 경영층과 현장의 심리적 거리도 확대되어 마침내 최고 경영자의 목소리가 현장에까지 전달되지 않는 상황이 발생한다. 이 모드에서는 회사를 포괄하는 알기 쉬운 비전이나 키워드를 만들어 놓고 아이덴티티를 높여 낡은 사업과 신규 사업 혹은 부서간의 연대를 강화시켜 나가야 한다.

또 획일적인 매니지먼트 기법을 개선하여 다양한 가치관과 재능을 묶어낼 수 있는 매니지먼트를 신속하게 확립하지 않는다면 부문간, 개인간의 시너지 효과를 창출할 수 없어서 사업 효율이 떨어지게 된다.

재생 모드에서 나타나는 모티베이션 증상

재생 모드는 시장이 성숙하고 상품이 진부해져 조직 활성화가 정체되어 사업과 조직, 양측면에서 새로운 차원으로 패러다임을 전환해야 하는 국면이다. 그러나 조직 내에서 길러진 강한 과거의 관성에 의해서 변화에 대한 저항과 무관심이 만연하여 이를 극복하기 위한 시책은 거부되기 십상이다. 이익이 줄어들면서 매사에 비용 절감을 강조하다 보니 변혁을 위한 에너지가 격감된다. 모드 변혁에서 가장 어려운 국면인 셈이다.

그러면 이러한 상황에서는 어떤 사태가 발생할 것인가?

▶ 경영자와 사원

"잘 되어가고 있는데 왜 변하지 않으면 안 된다고 하는거지?"

"이런 방침 아래서는 고객이 떨어져나갈 겁니다"

"의사결정이 지연되는 이런 상태로는 경쟁에서 질 겁니다"

"어떤 제안을 하여도 무관심하니 원…"

▶ 관리자와 조직 구성원
"아무리 말해도 들어주지 않는다"
"상사는 현장을 생판 모르고 있으니…"
"이러한 일은 월권행위라고 설명들어서…"
"문구로만 말하지 말고 대체안을 제출하세요"

▶ 부서와 부서
"다른 부서와 관계를 가지려고 해도 루트가 없어요"
"저 부서는 부문의식이 강해서 그런지 의견도 얘기하지 않는다"
"저 부서야말로 보신(保身)만을 생각하고 있기 때문에…"

▶ 현장과 본부
"코스트 절감도 이해하지만 고객 관점이 명확하지 않으니…"
"그 자식들은 위기감이 없는 것 같아요"
"최근에 관료주의가 만연하고 있어요"

▶ 개혁파와 보수파
"그러한 개혁은 탁상공론일 뿐이다"
"보수파가 과거의 관성에 온통 젖어 있기 때문에 회사가 안 되는 거야"

사업 측면에서는 개혁이 요구되고 있건만 조직 안에서는 혼란이

| CHART 34 | 재생 모드의 증상

발생하고 있는 상태이다. '과거'와 '미래'의 접속이 설계되어 있지 않아 조직 안에서는 '무력감'이 만연하는 어려운 상황이 된다. '재생 모드'에서 볼 수 있는 전형적인 증상은 다음과 같다.

① 무력감 만연증

성공을 이끌었던 과거의 관성이 강하게 남아 현재의 패러다임을 변혁하는 것에 대한 두려움이 사원들뿐만 아니라 경영진에서조차 나타난다. 이로 인해 환경에 순응하기 위한 변혁이나 새로운 비즈니스 모델의 모색을 저해하게 되고 조직 내에 '어차피… ㅇㅇ인데'라는 체념과 무력감이 만연하면서 진취적인 인재들의 모티베이션까지도 저하된다.

② 부문 이기주의 횡행증

각각의 부문에서 개별 최적(個別最適)·내부 지향·자기 조직 방어 의식이 강화된다. 고객 만족의 실현에 관련되는 기능들은 방해를 받게되며, 최악의 경우에는 부서와 부서 사이에 대립이 표면화된다. 이처럼 부문 의식이 기승을 부리고 전체 최적(全體最適) 관점이 결여되면 고객 관점 결여증과의 합병증을 초래한다. 차원 높은 관점을 유지하고자 하는 사원들의 모티베이션은 조직의 벽에 막혀서 무너지게 된다.

③ 고객 관점 결여증

개별 최적·내부 지향이 강해지고 본래 최우선으로 고려해야 할 고객의 존재가 뒤로 밀려난다. 내부 조직의 운영도 기업 전략도 고객 우선이 아니라 내부 우선으로 되어 본부에서는 고객의 목소리를 들을 수 없게 된다. 당연히 고객으로부터의 지지도 약해지고 고객 접점을 담당하는 현장 사원들의 모티베이션은 크게 저하된다.

④ 조직 규정 경직증

조직 내의 다양한 규정들이 정해진 목적을 상실한 채 경직화(硬直化)된다. 예를 들어 의문을 품은 사람이 있다고 해도 규정을 변경하는데 힘이 들기 때문에 중도에 주저앉는다. 목적을 상실해버린 수단주의나 절차주의로 인해 결제 속도가 둔화되고 눈에 보이지 않는 기회 손실이 증대한다. 규정의 벽에 부딪혀 변혁을 지향하는 모티베이션은 부서져버린다.

⑤ 커뮤니케이션 막힘증

복잡해진 조직 속에서 '부문간' '직종간', 혹은 '직장내'에서 커뮤니케이션 채널이 막히면서 혈전이 만들어진다. '다각 모드'에서의 부문 이기주의가 한층 더 심해져서 커뮤니케이션이 막힘으로써 '무관심' 상태가 조직의 연결을 저해한다. 커뮤니케이션을 활성화시키기는커녕 애시당초 커뮤니케이션을 취할 방도가 없다는 체념이 조직 내에 만연하게 된다.

이처럼 '재생 모드로 변혁할 시기'에는 본업을 재생시키기 위해 '고객'을 최우선으로 고려해야만 함에도 불구하고 '관점'이나 '커뮤니케이션' 상의 문제로 이를 실행할 수가 없다. 과거를 유지하려는 강한 관성과 변혁하고자 하는 힘이 서로 대립하게 되고, 이 상태가 장기화되면 될수록 변혁을 지향하는 모티베이션이 약화되는 사태가 초래된다.

재생 모드를 유효하게 만들기 위해서는 '고객 관점의 회복' '고객 접점의 강화' '조직 내 정보 유통의 역전' 그리고 이러한 것들을 가능하게 하는 '권한의 역전, 재배분'을 단행하지 않으면 안 된다.

그러나 강한 과거 관성이 지배하고 있는 가운데 무엇인가를 변혁시키려고 할 경우 필연적으로 '변화에 대한 공포'와 '기득권 의식'으로 인해 저항 세력의 반발이 일어난다. 특히 확대 모드나 다각 모드 시기에 활약해온 인재일수록 과거의 성공 체험을 버리기 어렵다.

그들의 과거 경험이 단순한 저해요인이 되게 놔둘 것인가, 아니면 변혁을 위한 에너지로 변환시킬 수 있는가가 모드 변혁을 성공시키는 관건이 된다.

이때에는 '보수파 vs 개혁파' 라는 구도가 아니라 '고객' 이라는 제3의 축을 설정하는 것이 중요하다. "우리 회사의 고객은 누구인가" "고객은 우리 회사의 무엇을 구입해 주는가"와 같은 고객 축의 커뮤니케이션을 전사적으로 확대해 나가면서, 조직내 도처에서 단절되어 있는 커뮤니케이션 루트를 회복시키고 신뢰의 기반을 정비하는 것을 우선 실행시켜 백해무익한 대립이나 충돌을 최소화하는 노력이 필요하다.

MOTIVATION COMPANY

Chapter 7

기업 조직 형태의 변혁

Re-engineering of
Corporate Organization

- 4가지 매니지먼트 시책
- '정식화 매니지먼트' ▶ 확대 모드로 변혁
- '다양성을 묶어내는 매니지먼트' ▶ 다각 모드로 변혁
- '파괴와 창조의 매니지먼트' ▶ 재생 모드로 변혁
- '해동' → '변화' → '동결' ▶ 모드 변혁의 3단계

4가지 매니지먼트 시책

기업 조직이 하나의 형태에서 다른 형태로 변혁을 시도할 때는 모티베이션의 관점에서 다양한 증상에 시달리게 마련이다. 이러한 원리를 충분히 이해하고 있으면 조직 형태를 변혁시키기 전에 조직 내에서 발생할 문제를 예측할 수 있고 미리 적절한 대책을 세울 수 있으며 문제가 장기화되는 것을 예방할 수도 있다.

그렇다면 형태를 변혁시키고자 할 때에는 어떠한 시책을 실행하면 좋을까? 모티베이션 엔지니어링에서는 그 시책을 구성하는 요소를 아래와 같이 4가지로 분류하고 있다.

① 서비스 변혁
② 규정 변혁
③ 커뮤니케이션 변혁
④ 인적 자원(Human Resources) 변혁

각각의 시책은 자동차의 바퀴와 마찬가지로 같은 방향으로 핸들

CHART 35

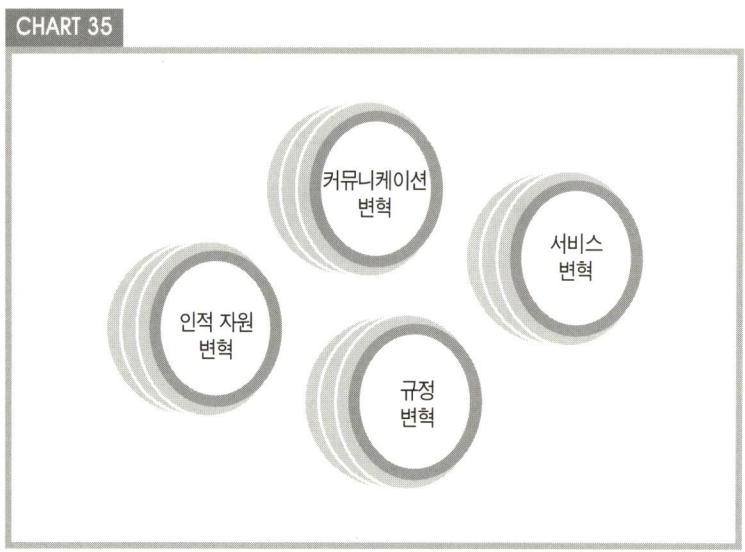

을 꺾지 않으면 안 된다. 어느 한 가지 시책을 제 아무리 철저하게 시행하더라도, 각각의 시책들이 상호 모순을 일으키는 사태는 피해야 한다. 관계성의 관점에서 보면 4가지 시책이 서로 영향을 미치고 있기 때문에 시책들 간의 상호 보완성이 대단히 중요하기 때문이다.

서비스 변혁

기업이 외부 환경에 적응해 나가는 과정에서 기업 조직의 형태를 교체할 필요성에 직면하게 된다. 그때 기업이 시장이나 고객과 가치를 교환할 매개체(Media)가 되는 자사의 '상품과 서비스'의 내용 혹은 제공 방식과 관련하여 방향을 전환해주지 않으면 안 된다.

규정 변혁

각각의 형태에 적합한 조직 내의 기능 분담 방식, 업적 관리 단위를 구축하는 방식, 혹은 개개인의 평가와 보상에 관한 일련의 규정들이 형태 변혁을 촉진시키는 방향으로 바뀌어주지 않으면 새로운 제도가 정착될 수 없다. 모든 제도는 사원의 사고와 행동을 제어하는 골격이 되기 때문이다.

커뮤니케이션 변혁

1장에서 서술했듯이 제도를 변경하는 것만으로는 유효한 행동을 끌어낼 수 없다. 조직 내에 신뢰라는 인프라를 구축하기 위해서는 최고 경영자(Top)와 현장, 부서와 부서를 연결하는 커뮤니케이션의 방식이 중요하다. 어떠한 컨텐츠를 어떠한 채널을 통해 유통시킬 것인가, 조직에서는 인체에 있어 피의 흐름과도 같은 '커뮤니케이션'에 초점을 맞춘 시책을 충실하게 실행하지 않으면 안 된다.

인적 자원(Human Resources) 변혁

조직은 인적 자원으로 이루어져 있다. 인적 자원이 가진 스킬과 모티베이션 특성의 최적 균형(Balance) 방식은 각 형태별로 다르다. 커뮤니케이션에 대한 대응이 조직 내의 '관계성'에 대한 어프로치라고 한다면 그 관계성을 육성하는 인적 자원에 대한 직접적인 어프로치도 결코 소홀히 해서는 안 된다. 이 테마는 크게 인재 개발과 인재 조달로 나눌 수 있다.

그러면 기업 조직의 형태를 변혁시킬 때 구체적으로 4가지 영역을 어떤 방식으로 매니지먼트하면 유효한 성과를 거둘 수 있을 것인가? 여기에 대해 지금부터 형태별로 자세히 살펴보기로 하자.

'정식화 매니지먼트'

▶확대 모드로 변혁

　'고객 기반의 확충'과 '상품 서비스의 표준화'가 확대형에서 가장 중요한 테마이다. 그러나 이 형태에서는 인원이 크게 증가하면서 관계성의 복잡도도 가속적으로 증가하여 혼란한 상태가 지속된다.

　확대형으로 변혁시키는 과정에서는 '복잡성을 축소시키는 것', 다시 말해서 '정식화(定式化) 매니지먼트'를 철저하게 실시할 필요가 있다.

　어떻게 해서 '사람에 의존하는 요소'를 배제하고 '사람에 근거한' 비즈니스에서 '시스템에 근거한' 비즈니스로 전환시킬 것인가 하는 점이 외부 환경에 적응하기 위한 과제가 되며 사원의 모티베이션을 정식화 쪽으로 지향하게 할 것인가 하는 점이 내부 환경에 적응하기 위한 테마가 된다.

서비스 변혁

급격한 수요 증대에 대응하는 과정에서 상품과 서비스의 품질이 떨어진다거나 불량이 늘어나는 등의 문제가 나타난다.

지역을 넓혀 나가거나 고객층의 확대를 위해 종래의 사람에 의존하는 업무 수행 방식에서 탈피하여 규정화를 통해 상품화와 서비스 표준화에 힘쓰지 않으면 안 된다. 조직이 혼란해지는 근본 원인은 고객 접점이 복잡한데서 비롯된다. 이 부분을 개선하게 되면 대량 생산과 대량 판매가 가능해진다. 시행 형태에서 보면 아주 극적인 패러다임 전환이라 할 수 있다.

고객 접점에서 다양한 행위에 이름을 붙여(Naming) 상품화, 패키지화를 실행한다. 동시에 상품 서비스의 제공 방법도 정식화시켜 나간다. 이 시책을 추진하지 않으면 급격히 팽창한 신규 채용자를 전력화(戰力化)할 방법이 없다. 나아가 '사람 가치'로부터 '상품 가치'로 전환함으로써 복잡성을 줄여나갈 수 있게 된다. 이 때 고객 만족을 떨어뜨리는 사태가 일어나지 않도록 일정한 융통성을 담보할 필요가 있다. '규정화'를 중심 축으로 삼고 '융통성'을 담보하는 균형을 취할 수 있다면 확대형으로 전환하는 작업을 성공적으로 수행할 수 있다.

CHART 36

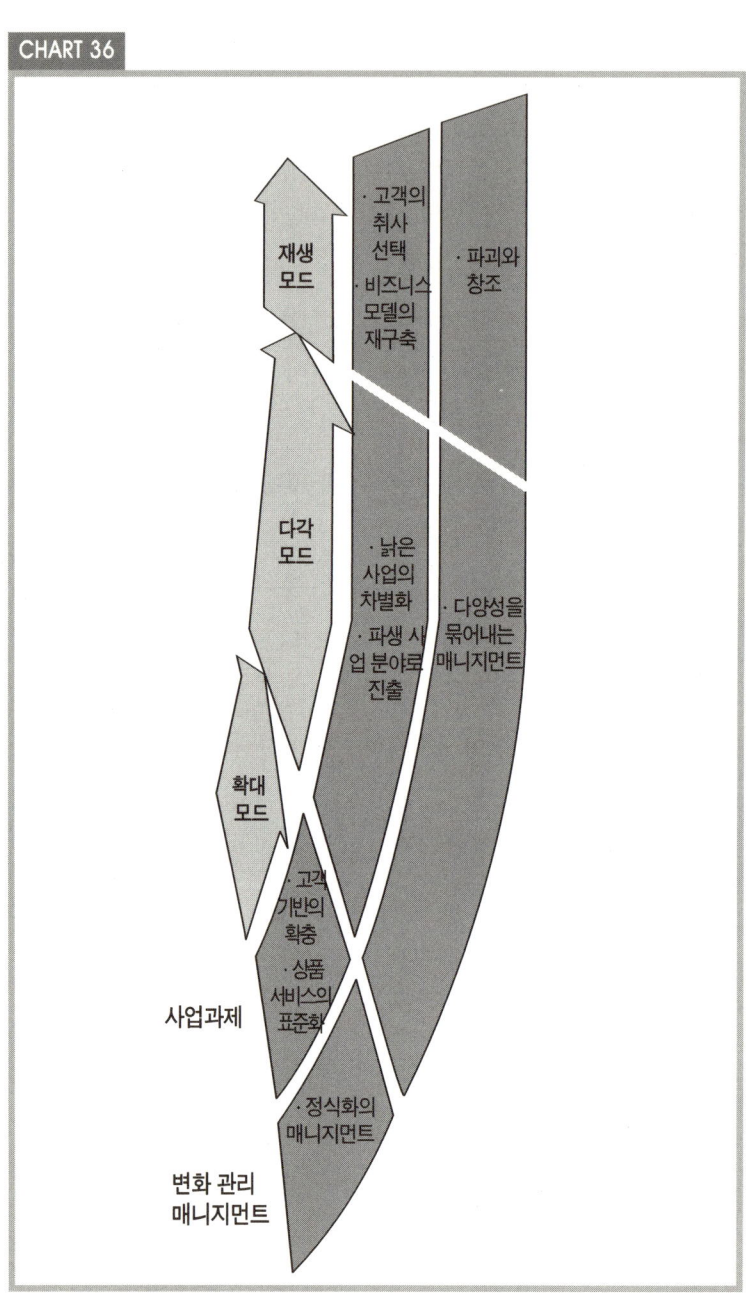

규정 변혁

조직 규모가 필연적으로 확대되기 마련인 이 형태에서는 회사 내의 복잡성 또한 줄여나가지 않으면 안 된다.

바야흐로 간단한 조치만으로는 통제가 안 될 정도로 커뮤니케이션 채널(관계성)은 늘어난 상태이다. 따라서 채널을 정비하고 일정한 질서를 부여할 목적으로 조직 및 인사제도 상의 시책을 실행할 필요성이 발생한다. 조직 내의 혼돈 상태를 '기능별' '지역별' '상품별' 등의 단위로 분화시킨다. 이러한 작업을 종적인 분화라고 한다면, 동시에 횡적인 분화를 도모해 나간다.

각 단위에 커뮤니케이션 연결점이 될 관리자를 배치하고 그들에게 책임과 권한의 범위를 명확하게 한다. 대우 면에서 애매 모호한 것도 개선하고 계급이나 계층을 구분하여 그 속에 조직 구성원을 배치한다. 누가 누구에게 지시하고 어떤 성과를 내면 어떻게 보상해줄 것인가에 대한 지침을 공유할 필요가 있다. 이 때 과두한 규정을 설정하면 역으로 '복잡성'을 높이고 '유연성'을 떨어뜨리기 때문에 어느 정도의 애매함을 그대로 남겨 놓는 규정 설계가 필요하다.

커뮤니케이션 변혁

확대형에서는 최고 경영자(Top)가 사원과 1대 1로 커뮤니케이션을 취하기가 곤란하다. 그리고 전체 사원이 뒤엉켜 커뮤니케이션을 취하는 것은 비효율적일 뿐만 아니라 제대로 이루어지기도 어렵다. 이 형태에서는 최고 경영자와 조직 내의 커뮤니케이션 연결점을 담당하는 관리자 사이의 채널을 강화할 필요성이 있다.

  조직은 세로 방향의 분화만이 아니라 가로 방향의 분화를 진행하면서 지금까지 수평적이었던 상태에 복수의 관리자가 등장하게 된다. 그들이 현장에서 받아들여질 것인가, 현장을 지휘하는데 필요한 정보를 최고 경영자가 제공해줄 수 있는가의 여부가 성공의 관건이 된다. 판단 기준을 공유하고 권한을 위임하여 각 단위의 자립을 촉진하는 일이 중요하다. 그러자면 위임할 범위와 여전히 최고 경영자가 개입할 범위에 대해 구별해두지 않으면 더 큰 혼란을 초래하게 되므로 주의를 기울여야 한다. 그리고 전사적(全社的)인 커뮤니케이션을 통해 경영 목표와 그 목표에 도달하기까지의 이정표를 공유하는 작업이 중요해진다.

인적 자원 변혁

  이 형태에서 최대의 과제는 '관리자의 강화'와 '신규 입사자의 빠른 전력화'이다.

  조직 내의 복잡성이 크게 증대되어 최고 경영자가 모든 의사 결정을 정확하게 수행하기란 불가능에 가깝다. 고객과의 접촉도 확대되면서 다양한 상황들이 발생한다. 확대되는 수요에 대응하기 위해서는 현장에서의 자립적인 판단이 필요하며 그게 이루어질 때 신속한 고객 대응이 가능해진다. 그러나 관리자에게 매니지먼트 능력이 갖추어져 있지 않은 사례가 대단히 많고 이로 인해 현장 사원의 모티베이션이 하락하는 사태가 자주 일어나곤 한다.

　이 형태로 변혁하는데 있어서는 관리자 양성이 그 성패를 가른다고 해도 과언이 아니다. 또 상품이나 서비스를 규정화하고, 업무 프로세스를 표준화함으로써 신규 입사자의 전력을 시급하게 끌어올리지 않으면 안 된다. 전력화에 필요한 사원 양성 패턴을 표준화함으로써 교육에 들이는 시간과 노력의 코스트를 줄이지 않으면 안 된다.

'다양성을 묶어내는 매니지먼트'

▶다각 모드로 변혁

　다각 모드에서는 기존 사업과 신규 사업 양면에서 제대로 대응해야된다. 경쟁 기업에 대해서는 '기존 사업의 차별화'를 이루어내고, 기존의 경영자원을 응용하고 전용(轉用)하여 '신규 사업 영역으로의 진출'을 해내야 한다. 간부와 현장의 거리는 더욱 확대되고 조직 전체의 통일성도 점점 희박해질 것이다.

　이 형태에서는 '다양성을 묶어내는' 매니지먼트가 성공의 관건이 된다. 직종, 거점, 입사 시기, 계층 등에 따라 조직이 분화되면서 하위 문화가 형성되기 시작한다. 한편으로 다양성이 가져다주는 효과를 누리면서도, 다른 한편으로는 일정한 방향으로 사원의 모티베이션을 지향하게 만들 수 있는 보다 복잡한 관리 행동이 필요하다.

서비스 변혁

사업이나 상품의 수명이 크게 짧아진 오늘날, 단일한 사업이나 상품 서비스만으로는 장기간에 걸쳐 번영을 지속하기란 불가능하다. 이와 같은 리스크를 회피하기 위해 '다각 모드'로 변혁할 필요가 있다. 그러자면 기존 사업의 경쟁 우위를 명확히 하는 한편 강점을 더욱 강화하며 효율화를 꾀해야 된다. 다시 말해 '기존 사업의 고수익화'를 실현해야만 신규 사업에 대한 선행 투자가 가능해지는 것이다.

그리고 신규 사업과 관련해서는 기존 사업과의 기술적 시너지 혹은 고객 기반의 시너지를 최대한 촉진하는 전개 방식이 중요하다. 기존 사업과 신규 사업의 관련성을 고려한 '다각화'가 성공의 관건이다. 일정한 성공을 거둔 기존 사업의 노하우를 활용하여 순조롭게 사업을 분화시킬 수 있으면 더욱 고도의 사업 분화에 성공할 수 있는 회사 전체의 귀중한 체험을 중요한 재산으로 확보할 수 있다.

규정 변혁

새로운 상품 서비스가 탄생함에 따라 조직도 사업별 또는 상품 서비스별로 분화하지 않으면 안 된다. 그러나 새롭게 분화한 단위에 기존 규정을 적응시키는 것은 결과도 좋지 않고, 인재의 평가 방법에 있어서도 기존 단위와 동일하게 할 수가 없기 때문에 어려움이 있다. 조직의 분화에 따른 규정 설계에 관해서는 회사 공통 규정(National Rule)과 부문 규정(Local Rule)으로 나누어 운용하는 균형이 중요하다. 획일적으로 회사 공통 규정을 적용하려고 하는 조직에서는 신규 사업이 제대로 자리잡기 힘들다.

또 인재의 이동이나 배치도 변화가 필요하다. 확대 모드에서는 각 부문에서 우수한 인재를 끌어안고 가려는 심리가 당연히 강할 것이다. 따라서 일정한 규정을 만들어두지 않으면 인적 자원의 유연한 배분이 어려워진다. 사업이나 거점, 직종이나 계층에 따라서 분화가 진행되는 이 형태에서는 개개인의 경력 희망을 수용하는 체제를 구축하는 일도 병행해 나가지 않으면 안 된다.

커뮤니케이션 변혁

이 형태로 돌입하면 외부로부터의 인재 조달도 많아지고 직종의 폭과 영업 지역이 확대되는 등 다양한 가치관이 회사 내에 만들어지기 시작한다. 최고 경영자가 "새로운 영역으로 진출함에 따라 모든 사업 부문을 망라하고 모든 사람을 묶어줄 수 있는 용어가 없어져 버렸다"고 위기감을 느끼게 되고, 창업 당시의 '색깔'은 더욱 희박해져 버린다. 따라서 회사를 포괄하는 표현이나 키워드를 설정하고 아이덴티티를 구축하는 데 힘써야 한다.

어느 시스템 개발 회사에서 고객을 상대로 중고 컴퓨터 판매를 시작했을 때 사원들은 "우리는 대체 무엇을 지향하는 회사인가"라는 의문을 품게 되었다. 그 때 '시스템 개발'과 '중고 판매'를 망라하는 것은 '고객을 위해서 보다 좋은 시스템을 보다 값싸게 제공한다'라는 개념이었다. 이러한 키워드를 찾아냄으로써 사원들이 납득하고 업무에 몰두하게 되었다고 한다.

또 기존 사업 부문에 대해 더 많은 이익을 창출하도록 요청함에 따라 사원들의 피로감이 커지기 쉽다. 또한 최고 경영자가 신규 사업에 강한 관심을 갖게 되면 기존 사업 부문은 자칫 '잊혀진 존재라는 느낌' 혹은 '소외감'을 품기 시작한다. 이러한 점을 배려하는 최고 경영자의 커뮤니케이션 노력이 모티베이션 문제를 경감시킨다는 점도 유의해야 한다.

인적 자원 변혁

이 단계는 새로운 사업을 전개하여 성공으로 연결시킬 수 있는 인재를 많이 채용해야만 한다. 사업 분화와 기능 분화가 이루어지면서 인재 채용도 종래의 '동지(同志) 조달' 개념에서 '기능(機能) 조달' 개념으로 양상이 변하게 마련이다. 마케팅에 밝은 인재나 기획·분석력이 뛰어난 인재, 혹은 재무에 밝은 인재 등 특정 기능을 전문적으로 담당하는 인재를 조달하는 것이 성공으로 가는 지름길이다.

매니지먼트 측면에서도 '획일적 방법'이 아니라 '다양한 인재를 묶어내는 방법'을 습득할 필요가 있다. 그러나 그 난이도를 떨어뜨리고 가치관이 과도하게 다양해지는 사태를 방지하기 위해서는 '조직 구성원의 요건'을 반드시 명확하게 해놓아야 한다. 또 다양화에 대응하고, 사업과 직종에 따른 인재 육성 테마와 인재 육성 방법을 조화시킬 수 있도록 종래의 인재개발 방법을 재검토하여 고쳐나가지 않으면 안 된다.

'파괴와 창조의 매니지먼트'

▶재생 모드로 변혁

 '재생 모드로 변혁'은 가장 많은 힘을 기울여야 하는 단계이다. 외부 환경에 적응하는데 있어서는 '고객의 취사 선택'과 '비즈니스 모델의 재구축'이 가장 큰 테마지만 조직 내부에서는 과거의 관성이 강하게 지배하고 있다. '변화에 대한 두려움'이나 '부문 이기주의 횡행'으로 조직 내 커뮤니케이션이 막히고 새로운 변혁 행동은 방해를 받게 된다. 사원은 회사에 대한 '무관심'과 '무력감'에 억눌리고 모티베이션도 심각한 상황에 처하게 된다.
 이 모드에서는 경영진 측에 '파괴와 창조'를 테마로 하는 강력한 리더십이 요구된다. 변혁의 싹이 조직 내에 싹틀 수 있을 때까지 강력하고도 전략적인 시책을 전개할 수 있어야 성공으로 이어지게 된다.

서비스 변혁

 기존 사업과 신규 사업 양쪽에서 상품과 서비스를 '고객 입장에서의 기능' 이라는 측면에서 분석해 보고 재편해야 한다. '상품 자체의 가치' 가 중요한 게 아니라 '고객의 목적 달성과 문제 해결' 이 중요하기 때문에 이 관점에서 기능 분석을 해야 한다. 근본적으로는 "도대체 우리의 고객은 누구인가" "고객은 우리 회사에서 무엇을 사고 있는가" 라는 관점에서 회사의 존재 의의를 재검토해 봐야 한다.
 사업이나 상품, 혹은 고객이라는 축을 중심으로 '선택과 집중' 을 철저하게 실천해서, 필연적으로 기존 고객과 신규 고객의 취사선택을 해나가면서 과거부터의 자원을 적극적으로 '파괴' 하고 새로운 존재 가치를 '창조' 하는 것이다. 대상이 될 고객을 설정하여 고객 만족을 추구하는 자세로 조직 내부의 관성을 서서히 완화시켜 나간다. 이 때 당장의 이익과 장래의 이익 사이의 균형을 어느 정도 고려할 것인가에 대해 좀더 고도의 시간 관리가 필요하다.

규정 변혁

 이 모드에서 조직 및 인사제도 시책의 가장 중요한 테마는 '고객 지향의 양성' 과 '권한의 역전, 재분배' 이다. 복잡해진 조직을 관리하는 과정에서 '내부 지향' 이나 '개별 지향' 의 분위기가 조성되어 버린다. 고객 접촉에서의 새로운 변혁 행동을 촉진할 수 있는 규정의 설정이나 종래의 계층과 권위 의식을 희석시킬 수 있는 규정 변경이 필요해진다.

업적 관리 단위는 종래의 과(課)나 부(部)에서 한 수준 올라간 부나 사업부 단위로 변경할 필요가 있다. 관리 단위를 작은 단위에서 큰 단위로 재편함으로써 개별 최적 행동을 개선시켜 전체 최적에 유효한 행동을 끌어낼 수 있게 된다. 또 권한의 역전을 순조롭게 촉진시킬 수 있도록 이제까지 진행되어 온 종적 분화를 완화하고 횡적 분화를 시도한다. 변혁에 공헌할 수 있는 능력을 가진 인재를 등용할 수 있도록 제도적인 인프라를 서둘러 구축해야 한다.

이러한 제도 변경은 어느 의미에서는 기득권의 박탈로 이어지기 때문에 미리 '조직 커뮤니케이션' 상의 시책을 시행하면서 조직 내에 '변혁에 대해 의심하고 방해하는 잡귀'가 생기지 않도록 세심하게 배려해야 한다.

커뮤니케이션 변혁

다각 모드에서는 효율화를 지향하여 최고 경영자를 중심으로 한 피라미드형 커뮤니케이션 채널이 형성되어 있었지만, 재생 모드에서는 정보 흐름을 역전시켜 고객의 목소리에 가장 근접한 현장으로부터 최고 경영자나 본부로 가는 채널을 재구축한다.

다시 말해서 계층을 줄임으로써 조직을 평평하게 만들고, 정보 유통상의 소음을 최소화함으로써 정말로 필요한 채널을 새로이 구축할 수가 있는 것이다. 당연히 유통되는 컨텐츠는 시장이나 환경의 변화, 고객의 니즈에 대한 것들이고, 변혁을 담당할 현장 중간 관리자나 새롭게 대두한 변혁 옹호 세력의 목소리를 중용함으로써 그들의 경영 참여 의식을 높일 수 있다. 비록 작은 시도라도 변혁으로 연결될 수 있다면 회사 전체 차원에서 새로운 영웅이나 새로운 용어를 만들어내도록 해야 한다.

하나의 조그만 모범 행동이 조직 전체에 영향을 미칠 수 있고 새로운 용어가 자칫하면 고개를 쳐드는 과거의 관성을 불식시키는 작용을 하기 때문이다.

인적 자원 변혁

이 모드에서는 조직 커뮤니케이션 채널의 연결점에 있는 관리자의 의식 변혁이 중요한 포인트가 된다. 그들에게 오염되어 있는 '내부 지향' '수단 지향' '수동적 자세' '개별 지향'을 전면적으로 변혁하여 '고객 지향' '목표 지향' '적극적 자세' '전체 지향'으로 바꾸지 않으면 안 된다.

이를 위한 하나의 수단으로 고객과의 접촉점을 갖지 않는 연결점의 인원은 삭감하는 방안도 고려할 수 있다. '재생 모드'에서는 시장이나 고객과의 접점을 확대하고, 자사의 상품과 서비스를 기능적으로 재편할 필요가 있기 때문이다. 그들의 권위 의식을 완화시키고 전문 능력을 높이는 일을 병행하여 실행해야 한다. 자사의 상품 서비스와 고객의 과제 해결을 접속하는 새로운 조직적 기법을 지식화하고 이를 공유하는 노력을 기울여야 한다. 그리고 고객 만족을 향상시키고 과감하게 도전하는 사원에 대해서는 금전이나 직위 등을 보상하는 것에 덧붙여 시장 가치가 있는 기술을 획득할 기회나 보다 높은 차원의 업무를 수행할 기회를 부여하는 등, 의식적으로 새로운 영웅을 만들어 나가는 것도 효과적인 모티베이션 엔지니어링의 방법이다.

'해동' → '변화' → '동결'

▶모드 변혁의 3단계

 기업 조직이 외부 환경에 적응해 나가는 과정에서 '시행형' '확대형' '다가형' '재생형' 이라는 방식으로 적절한 모드의 변혁을 이루어내지 않으면 안 된다. 그 방법론에 대해서는 앞에서 네 가지 시책으로 설명하였다. 그렇다면 각각의 시책을 어떠한 시간 축으로 실시하는 것이 바람직할까? 이 점을 고민할 때 모드의 변혁이 다음 단계를 밟는다는 점을 공유하기 바란다. 모티베이션 엔지니어링에서는 모드 변혁에 성공하기 위해서는 어떠한 경우에도 공통의 변혁 단계를 밟아야 한다고 생각한다.
 그 단계는 Chart 37의 '해동 → 변화 → 동결' 이다. 형태가 있는 사물을 가능한 한 저항 없이 변형시키기 위해서는 먼저 "녹인다" "새로운 형태로 변화시킨다" "다시 한번 얼린다" 라는 단계를 밟는

CHART 37 모드 변혁의 3단계

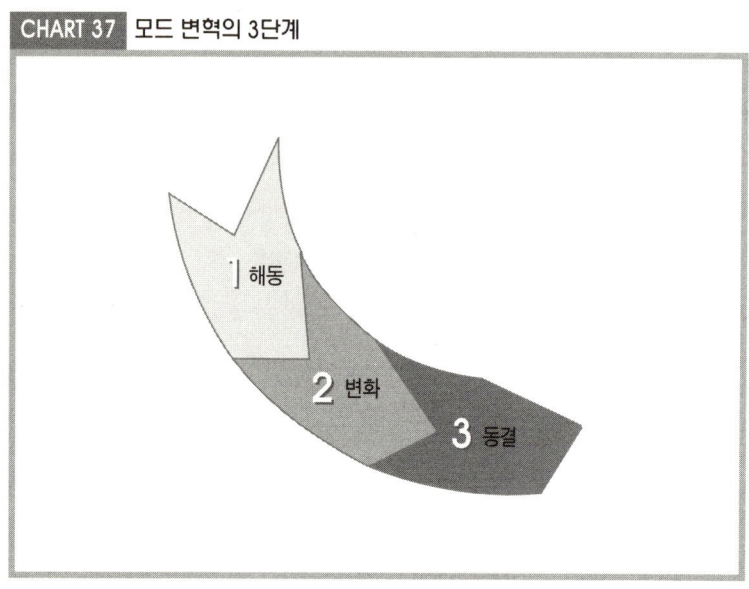

것이 바람직하다. 지금부터 각 단계에 대해 자세히 설명하겠다.

첫번째 단계인 '해동'은 '역할 의식' '상호 불신' '과거 관성' 등으로 얼어있는 상태를 완화시키는 것이다. 조직 내의 문제는 특정인이 아니라 '관계성'에서 발생한다는 관점에서 생각하면 얼어있는 지점을 찾아내고 관계를 완화하는 것이 최초의 단계가 된다.

'회사의 문제를 직시해야 한다는 점' '관계성의 문제가 존재한다는 점' '그것을 해소하는 일이 회사와 자신 모두에게 중요하다는 점' 등의 의식이 생겨나지 않는다면 변혁을 위한 기초 공사가 완료되었다고 말할 수 없다. 과거의 성공 체험에 사로잡혀 새로운 행동을 일으키지 않으려고 한다면 곤란하다. 자신들의 방식이 유일무이한 방법이라고 생각하고 있는 상태에 다른 대안을 제시해서 변혁에 대한 에너지가 생기는 경우도 있다.

동화에도 나오듯이 나그네의 옷을 벗긴 것은 북풍이 아니라 태양이었다. '북풍' 식 접근이 아니라 '태양' 식 접근에 의한 '해동'을 실행하려면 반드시 앞에서 설명한 네 가지 시책 가운데 '커뮤니케이션 변혁'이나 '인적 자원 변혁'을 선행시키는 것이 변혁에 따르는 저항을 억제하는 가장 좋은 해결이라고 말하고 싶다.

다음 단계인 '변화'는 이미 기초 공사가 완료되었기 때문에 감정 문제는 정리되어 있는 상태이다. 이 국면에서는 바람직한 변혁을 지향하는데 있어 "저해 요인은 무엇인가" "저해 요인을 제거할 방법론은 무엇인가" "그 역할을 누가 담당할 것인가"에 대해서 "이성적"으로 논의하고 '촉진 요인을 강화할 시책'을 결정해서 구체적인 변혁 활동을 명확히 한다. 에너지를 쏟아야 할 대상이 명확해지면 변혁에 대한 모티베이션이 서서히 조성된다.

그리고 세번째 '동결' 단계는 모처럼의 변혁 에너지가 후퇴하지 않고 변혁에 적합하도록 변혁의 4가지 영역 중 '서비스 변혁'과 '규정 변혁'의 시책을 강구한다. 이렇게 해서 변혁의 흐름을 고정시킨다.

기업이나 조직의 변혁이라고 하면 일반적으로 제도나 시스템을 만드는 데서부터 시작하는 기업이 적지 않다. 그러나 그렇게 하면 사원들은 아무래도 "어쩔 수 없이 참고 따른다"는 타성에 빠지기 쉽다. 변혁의 어프로치에서 중요하게 생각해야 하는 점은 당사자인 사원들이 스스로 분발하고 서로간에 동기를 촉발시키면서 변혁에 참가하는 일이다. 어쩔 수 없는 강력한 제재 때문에 변혁 프로그램에 따라야 하는 식이라면 자발적인 변혁 의식이 양성되지 않기 때문에 '마지못해 하는 느낌'이 강해져 결과적으로 모티베이션이 저하되고 변혁의 실효성 또한 떨어지게 된다.

　어디까지나 '북풍' 식 접근이 아니라 '태양' 식 접근으로 자립적이고 장기적인 변혁 행동을 끌어내는 것이야말로 중요한 포인트이다.

MOTIVATION COMPANY

Chapter 8

조직 형태 변혁의 3가지 사례 연구
Three Case Studies of Organization Re-engineering

- 사례1 확대 모드
- 사례2 다각 모드
- 사례3 재생 모드

사례 1 　　　　　확대 모드

사　명	주식회사 A
사업내용	소프트웨어 설계·개발
설　립	1997년
자본금	20억 원
사원 수	약 80명
매출액	120억 원

▶ 회사 연혁

A사는 금융 기관, 공공 기관, 유통 서비스업을 대상으로 소프트웨어를 설계하고 개발하는 사업을 펼쳐왔다. 독자적으로 개발한 패키지 소프트웨어는 기간 업무에서부터 e비즈니스까지 망라하며 안정성·확장성이 높고 효율적인 시스템이라는 평가를 받고 있다. 이 패키지 소프트웨어 기술을 응용하여 효율적인 IT화를 추진하기 위한 제안·개발·도입 지원 등의 사업을 수행하여 업계 내·외에서 높은 평가를 받으면서 순조롭게 성장해 왔다.

하지만 또 한번의 사업 확대를 모색하고 있는 이 회사 최고 경영자에게 최근 2~3년 동안의 조직 내 움직임은 많은 고민을 안겨주고 있다.

우선 만성적인 인재 부족 사태를 비롯, 업계 전체가 급성장하고 있기 때문에 우수 인재 확보에 큰 어려움을 겪는 등 문제가 그렇게 간단한 것이 아니다.

　성장하는 사업과 확대되는 시장을 내부의 인재가 제대로 따라잡지 못하고 있으며, 우수한 인재를 조달하지 못함에 따라 기존 사원, 특히 경험이 많은 사원에게 업무가 편중되고 그 사람의 경험치가 쌓여갈수록 또 다시 그에게 새로운 업무가 집중되는 악순환에 빠지기 시작했다. 그리고 다양한 시스템·다양한 업종을 경험해온 선배 사원과 어느 정도 전문적인 분야에 특화하여 업무를 추진하고 있는 젊은 사원 사이에 지식의 양과 깊이의 격차가 날이 갈수록 벌어지게 되었다.

　경험이 풍부한 사원이 프로젝트를 몇 개씩이나 중복 수행하게 되어 부담이 집중되기 시작하고 이로 인해 업무 품질은 저하되기 시작했다. 이런 현상에도 불구하고 이러한 문제를 담당해야 될 스탭 부문이 취약하여 계선 조직의 프로젝트 매니저가 업무를 중복 수행함으로써 인재를 조달하고 육성하는 기능이 취약해지고 있다. 따라서 업무를 총괄하는 총괄자가 없고 여기저기서 업무 중복이나 누락 현상이 나타나기 시작했다.

　또 하나의 문제는 회사 풍토와 관련되어 있다. 이 회사는 기술력을 무기로 급성장해왔기 때문에 "기술자가 최고다"라는 풍토가 자리잡고 있었다. 기술자는 기술자로서의 자부심이 높아서 커뮤니케이션이나 매니지먼트에는 그다지 흥미를 나타내지 않았다. "기술력만 있으면 사업 확대는 문제가 아니다"라고 후배 사원에게 말하는 선배 사원을 사내에서 자주 볼 수 있었다. 조직 구성원 전체가 SE(System Engineer)라고 하는 스페셜리스트를 지향하다보니 성장 속도가 둔화되는 것은 물론, 기술력만이 아니라 커뮤니케이션 능

조직에서 드러난 증상

업무 과다 피폐증
➡ 사업 확대와 시장 확대를 인재가 따라잡지 못하고 있는 만성적인 인재 부족

업무 프로세스 속인증(屬人症)
➡ 경험이 많은 사람에게 업무가 편중된다

매니지먼트 부전증(不全症)
➡ 스탭이 취약하기 때문에 총괄자가 없는 상태이며 인재 교육·채용 등 지원 업무까지를 라인의 프로젝트 매니저가 맡고 있어 업무의 중복이나 누락 현상이 발생

최고 경영자 의존증
➡ 경영자 혼자서 많은 정보를 가지고 있으며 조직 구성원들에게 정보가 공개되지 않고 있는 폐쇄적인 상태

판단 기준 상실증
➡ 선배 사원과 젊은 사원 사이에 지식의 양과 깊이의 격차가 확대되고 있음

력과 같은 '인간적 스킬(Human Skill)'이 부가된 서비스를 요구하는 고객 니즈와도 상당한 괴리가 발생하고 있었다. 따라서 이러한 고객의 요구에 유연하게 대응하기 위해 정기 채용을 통해 확보한 젊은 리더들의 자립을 촉진하고 권한 위임을 도모할 필요를 느끼게 되었다. 그런데 사장 혼자서 현장을 속속들이 파악할 수 없는 상황으로까지 사태가 진행되었음에도 불구하고 경영자는 고객 동향·기술 동향은 물론, 각 개발에 관련된 프로젝트에 이르기까지 많은 정보를 독점하고 있으며 회사의 경영 수치와 관련해서 사원들에게 공개되는 예는 거의 없는 실정이었다. 그 결과 권한을 위임할 수 있는 우수한 인재가 육성되지 못했고 권한 위임을 시행할 수준에도 도달하지 못한 상태가 되고 말았다.

▶ 진단

우선 조직의 문제를 다룰 때 사장이 느끼고 있는 고민 차원이 아니라 사원이 무엇을 바라고 무엇에 불만을 느끼고 있는가를 파악하여 정확하게 정량화(定量化)할 필요가 있었다. 그래서 '4 Eyes'를 활용한 설문 조사와 인터뷰를 실시하였다. 사원 입장에서 중요도가 높은데 만족도는 낮은 'ICE BLOCK'에 속하는 것이 '제도 처우' '업무 효과' '조직 풍토'의 3가지 항목이었다. 평가 기준이 명확하지 않아서 인사 제도에 대한 납득 정도가 낮은 것으로 나타났다. 또 업무의 효율성 측면에서는 기술을 중시하는 풍토가 영향을 미치고 있다는 것을 사원 인터뷰를 통해 파악할 수 있었다.

일부 선배 사원 가운데는 "우리는 갈라파고스 섬의 거북이며 외부 환경에 신경 쓰지 않고 오로지 기술을 높이기만 하면 그만이다"라는 주장을 펴는 사람도 있을 정도로 사회성이 결여되어 있다는 점도 걱정거리였다.

기술자 집단에서는 사원들의 사회성이 부족하다는 얘기가 많기 때문에 젊은 사원들에게 '회사 밖의 사람들과 월 20회 이상 명함을 교환하자'라는 식의 업무 외의 목표를 내거는 회사도 있었다.

그러나 사원들은 기술을 중시하면서도 또한 결코 고객을 무시하고 있는 것이 아닌 것을 알 수 있었다. 고객이 "이렇게 하고 싶다"라고 희망 사항을 얘기하면 이를 받아들여 실현시키려고 시간을 잊고 업무에 몰두하는 기술자가 많다는 사실을 확인할 수 있었다.

창의적인 업무를 하는 사람이나 기술자 등 전문가적 지향성이 강한 사람에게 나타나기 쉬운 현상으로 시간이라는 효율성은 무시하고 품질만을 납득할 수 있을 때까지 추구해버리는 경우가 있다. 이 것 자체를 나쁘다고 할 수는 없지만 고객의 니즈를 제대로 헤아려서 정말로 고객이 사용하기 쉬운가, 기술적으로 가능한 것인가를 검토하는 관점이 없다면 결과적으로 시간을 쓸모 없이 보내버린 것에 불과하다. 기술적으로 제아무리 우수한 프로그램이나 시스템일지라도 고객이 사용하기 쉬운 것이라야 의미가 있다. 또한 거의 전원이 기술자를 지향하고 있기 때문에 업무를 효율적으로 매니지먼트 할 수 있는 리더가 없었다. 게다가 각자 자신의 업무에만 몰두해서 이웃에 있는 동료가 어떤 업무를 하고 있는지에 대한 관심도 없고 개인이 단독으로 업무를 완결시키려는 경향도 보이기 시작했다. 이런 상황에 대해 사원들도 결코 좋아하고 있지 않았다.

《모티베이션 마케팅 결과 … Chart 38》

CHART 38 모티베이션 요인 '4 Eyes Windows'

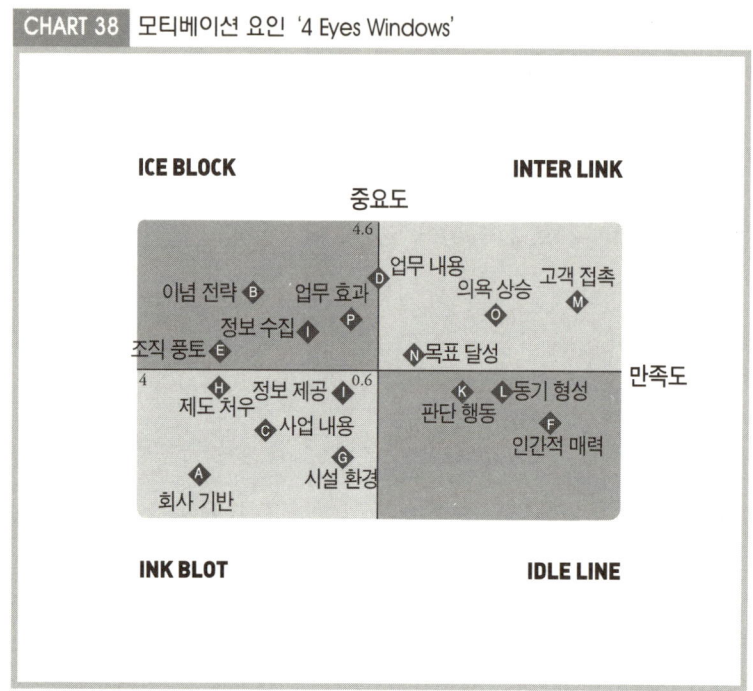

▶ **해결 테마**

'혼돈(Chaos)에서 시스템으로'

조사를 통해 도출한 결과는 조직의 자립을 촉구하고 **해동**, 경영층과 관리자의 관계를 강화하며 **변화**, 권한 위임을 촉구하는 경영 목표와 이정표를 공유하여 **동결**, 어느 정도 유연성을 가진 제도를 도입한다는 변혁의 단계였다.

먼저 확대의 속도를 높이고 권한 위임을 도모하기 위해서도 사장 및 경영자와 관리자의 시야를 공유하였다. 구체적으로는 과거에 거의 정례화되어 있지 않았던 간부 회합을 근본적으로 고쳐서 경영 회의로 위상을 부여하고 보고 중심의 방식을 토의 중심으로 변화시켜 경영자와 각 단위의 리더가 본질적인 사안에 대한 견해와 사고 방식까지 공유하는 장으로 만들었다. 지금까지 기술 일변도였던 각 단위의 리더들을 경영에 참여시켜서 그들의 의식에 충격을 가할 수 있게 되었다.

이 회의에서는 이제까지 일방적으로 얘기하기만 했던 사장에게 일정한 정보를 가진 간부가 "이것은 좀 이상하지 않을까요?"라는 식으로 의견을 구하는 모습을 볼 수 있게 되었다.

다음으로, 일단 움직이기 시작한 그들의 의식을 수치적으로 파악하는 데 그치지 않고 더욱 더 큰 변혁으로 몰아갔다. 경영층과 동일한 시각으로 보기 시작한 그들을 매니지먼트 언수나 신규채용 프로세스에 참여시켜, "매니지먼트란 무엇인가?" "리더십이란 무엇인가?"를 학습할 수 있도록 기회를 부여하였다. 구성원 입장에서 보면 지금까지 '무엇 때문에' 라는 식의 목적이 분명치 않았던 업무 지시 방식이 바뀌고 자신이 수행하고 있는 일이 집단이나 회사 전체에 대하여 어떠한 의미를 지니고 있는가를 인식할 수 있게 되었다. 그것만으로도 사내 풍토는 크게 변하였다. 또 조직을 고객의 구성에 따라 나누고 신규·기존 등 업무 특성에 따라 분류하여 회사의 연도 계획·중장기 계획 등 1년, 3년 단위로 경영계획을 수립하였다. 그리고 각 집단의 매출·이익 계획을 독자적으로 세우게 하고 계수를 각 집단 내에서 관리하게 하였다. 이렇게 함으로써 경영층은 애매했던 각 집단의 목표와 미션을 명확하게 제시했다.

방향성을 지시하고 매니지먼트 방법을 몸에 익히는 마지막 단계는 이러한 변혁이 무용지물이 되지 않도록 고정시키고 동결하는 일이다.

확대를 전제로 한 이 회사에서는 앞으로도 사원을 증원할 예정이다. 바로 신규 입사자의 조기 전력화를 겨냥하여 초기 교육제도를 확립하였다. 프로그램은 이 회사가 크게 중요하게 여기고 있는 비전과 방향성, 가치관에 대한 교육으로 시작하여 담당 사원이 간단하게나마 능력 개발 계획을 입안하여 진행 상황을 점검하면서 교육하는 6개월 간의 OJT(On the Job Training ; 직장내 교육) 기간을 포함하고 있다. 지금까지 사원 양성 책임 소재도 확실하게 정해져 있지 않았고 신입 사원이 제대로 정착하지 못했지만, 이 프로그램을 실시함으로써 사원 정착률이 몇 단계나 상승하였고 특히 교육을 담당하는 기존 사원이 기술력 향상 이외에 또 한 가지 재미를 느끼는 일이 생겼다는 효과도 거두게 되었다.

이 시점에 새로운 인사 제도를 도입하였다. 이 인사제도는 기술력 이외에 '커뮤니케이션 능력' '인간 관계 스킬' '고객 만족도' 등의 새로운 평가 항목을 반영하여 회사의 방향을 시사한 것이다. 성과주의 색채가 강한 일반적인 제도가 아니라 이 회사의 가치관과 사고방식이 배어있는 평가 시스템을 만든 것이다. 또 갑자기 정교하고 복잡한 인사 제도를 도입하는 것은 곤란하다고 생각하고 매니저에게 운영상의 재량을 허용하며 목표 설정과 평가에 대해서도 매니저에게 재량을 주고 해석하도록 하는 등 제도 자체가 본래 가지고 있는 경직성을 제거하고자 노력하고 있다. 그리고 종래 표준화되어 있지 않았던 프로젝트 자료와 고객의 제안서, 회의 보고서 등의 문서 형식을 통일시켰다.

조직의 커뮤니케이션 방식을 바꾸고 매니저 층의 의식 변혁이라

| CHART 39 | 모티베이션 요인 '4 Eyes Windows'

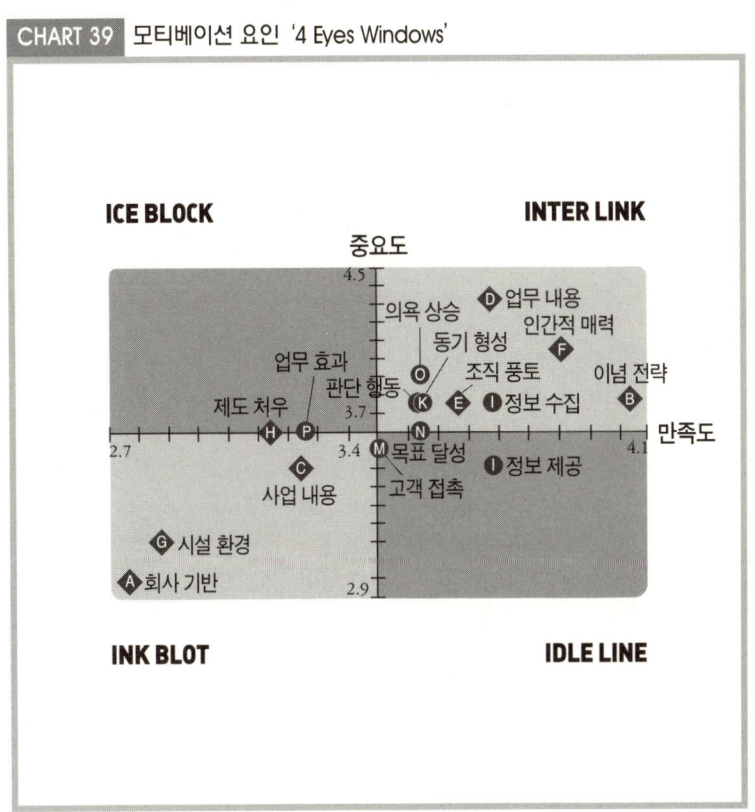

※ 중요도 평균(3.7)과 만족도 평균(3.4)을 그림의 중심으로 잡고 있음

는 프로세스를 밟아나가면서 점차 새로운 인사 제도를 운용할 여지가 생기기 시작했다. 경영자와 매니저 층이 시각을 공유하고 관리자 강화와 권한 위임을 시행하는 과정에서 굳어져 있던 '기술자 중시'의 조직 풍토는 해동되고 변화했다. 그리고 상품 서비스를 표준화하고 신규 입사자를 전력화하는 패턴을 만들며 새로운 인사 제도를 도입하여 실시하고 2년이 지나면서 점차로 조직풍토를 동결하는데까지 이르게 되었다.

Chart 39는 2002년 9월에 다시 실시한 '4 Eyes'의 결과이다. 전체적으로 만족도가 높은 항목이 증가한 것은 물론이고 근심의 대상이었던 '제도 처우' '조직 풍토'에 대한 만족도가 상승하였다. '업무 효과'의 만족도는 아직 높지 않지만 변혁이 현장의 업무에서 효과로 나타나려면 시간이 걸린다. 이 점은 주의 깊게 지켜봐 주기 바란다.

조직의 상태는 사장이 보아도 커뮤니케이션이 활발하게 이루어지는 등 확연하게 변화를 확인할 수 있었다. 회의에서도 토론이 활발해졌고 사내 커뮤니케이션을 중시하는 풍토가 여기저기에서 나타나게 되었다. 회사의 로고 디자인을 새롭게 바꾸자는 사내 의견이 모아져 프로젝트를 구성하고 자신들이 가장 중요하게 여기고 있는 '커뮤니케이션'을 테마·모티브로 한 디자인을 완성시켰다. 그리고 한 달에 한 번씩 사원 총회를 개최하자는 아이디어도 사원의 발의에 의해 실행으로 옮겨져 매월 2~3시간 동안 창의와 연구에 초점을 맞춘 사원 총회가 열리고 있다. 고객과의 관계에서도 높은 기술력을 내세워 판매하던 시기보다도 고객 만족을 염두에 두고 있는 현재가 더 좋은 성과를 올리고 있다고 한다. 고객에게도 새 로고 디자인의 의미를 전달함으로써 컴퓨터 업계에서 일반적으로 부족하다고 하는 '인간적'인 접근이 중요하다는 공감을 얻을 기회가 늘어났다.

이러한 구체적인 성과를 올림으로써 A사 사원이라는 점에 자부심을 갖게 되고 조직 확대를 위해 조직 전체가 노력하게 되었다고 이 회사의 사장은 말하고 있다. 신규 채용자든 중도 채용자든 모두가 사장 눈치를 보지 않고 회사의 특징이나 조직의 변혁 프로세스를 얘기하게 된 것이 고무적인 효과로 작용하고 있다.

구체적인 액션

해동

□ 커뮤니케이션 변혁
  ⇒ 경영층과 관리자의 관계 강화
□ 인적 자원 변혁
  ⇒ 관리자 강화와 권한 위임

변화

□ 커뮤니케이션 변혁
  ⇒ 조직 목표와 이정표의 공유
□ 규정 변혁
  ⇒ 단위의 세분화와 자립 촉진

동결

□ 서비스 변혁
  ⇒ 상품 서비스 내용과 업무 프로세스 표준화
□ 규정 변혁
  ⇒ 유연성을 남겨두는 제도 만들기
□ 인적 자원 변혁
  ⇒ 신규 입사자를 전력화하는 패턴 만들기

| 사례 2 | 다각 모드 |

사 명	주식회사 B
사업내용	외식 체인
설 립	1955년
자본금	110억 원
사원 수	약 300명
매출액	450억 원

▶ 회사 연혁

 B사는 30대의 카리스마적인 사장이 통솔하고 있는 대학 서클과 같은 분위기, 다시 말해 즐기면서도 공통의 목표를 향하여 힘껏 노력하는 조직 풍토를 토대로 성장해온 기업이다. 조직이 작을 때는 사원 개인의 역량에만 의지하여 업무를 운영할 수 있고, 또 사원들은 경영자의 눈길이 미치는 범위에 있기 때문에 경영자가 직접 지시를 내릴 수도 있다. 사장이 가지고 있는 '꿈'이나 '비전', 그리고 정력적으로 일을 추진하면서 결단을 내리는 사장의 '스타일'이나 '열정'이 굳이 말하지 않더라도 조직 구성원들에게 전달되었다. 때문에 특별히 모티베이션 시책을 강구하지 않더라도 사장의 꿈과 비전이 그대로 사원들의 모티베이션으로 이어졌다.
 그러나 조직이 급격하게 성장하면서 불과 5년 사이에 사원이 200명을 넘어서게 되었다. 사업 영역도 확대되어 이탈리안 식당에서 바, 일식에 이르기까지 다각화를 지향하기 시작할 무렵부터 사장은 '나의 말이나 생각이 사원들에게 전달되지 않는 게 아닌가?'라고 느끼기 시작했다. 그리고 수도권뿐만이 아니라 지방 권역으로 사업이 확대된 점도 그러한 위기감을 심화시키는 요인이 되었다.

그러던 어느 날 사장은 사원이 택배 운전 기사에게 얼굴도 돌리지 않은 채 "거기에 놓아두게"라고 말하는 것을 보고 자신과 사원 사이에 있는 커뮤니케이션의 갭(Gap)을 실감하게 되었다. 이 사장은 서비스업의 핵심은 어떤 고객도 존엄하게 생각하며 균일한 고품질의 서비스를 제공하는 것이고, 어떠한 경우에도 '손님'을 경멸하려는 태도는 허용될 수 없다고 생각하고 있었다.

그러나 자신의 꿈을 실현하는 소식의 사원은 택배 운전 기사에게 폭언을 내뱉고 있었다. 사장은 노여움으로 눈물을 지으며 "저 운전 기사는 두 번 다시 손님으로 우리 레스토랑에 오지 않을 것이다. 우리 회사와 관계가 있는 모든 사람들이 고객이라는 점을 잊어서는 안 된다"라며 그 사원을 나무랐다.

급격한 성장과 이에 따른 다각화로 인해 사업장이 위치한 지역과 사원의 직급에 따라 회사의 가치관이나 판단 기준이 침투하는 정도가 달라지고 있었다. 그리고 점포별로 업적을 관리하는 제도에 의해 개별 발상이 강해지고 전체의 최적화에 대한 관점을 가지고 있는 관리자층이 줄어들게 되었다. 전체 점포장 회의를 열어도 각 개별 점포의 영업 성적에 대한 보고만 있을 뿐이고 자기 점포의 보고가 끝나면 거의 흥미를 보이지 않는 점포장들이 나타나기 시작했다. 구성원들도 개인 플레이에만 주력하게 되었다.

"보통은 사장과 대화할 기회가 없기에 사장이 무엇을 생각하고 있

조직에서 드러난 증상

조직 규정 경직증
➡ 점포별 업적 관리로 인해 개별 발상주의가 조성됨

기존 사업 피폐증
➡ 사장과 사원 사이의 커뮤니케이션 갭

전체 관점 결여증
➡ 개인 플레이가 횡행하고, 서비스가 균일하지 못하며 품질이 저하

매니지먼트 획일증
➡ 연봉제 한 가지로 되어 있는 급여 제도

아이덴티티 상실증
➡ 사장의 일 대 일(One to One) 방식으로 인해 지역이나 직종에 따라 정보량이 다르다

는지 알 수가 없습니다" "회사의 방향성도 수시로 변하고 있는데 거기에 대해서 들을 기회가 없습니다. 자신을 위해서 업무를 하고 있을 뿐 회사가 지향하는 방향에는 흥미가 없습니다" "최고 경영자는 신규 사업에는 큰 관심과 흥미를 가지고 여기저기 PR도 하던데, 우리처럼 하루하루 수익을 떠받치고 있는 기존 사업에 대한 관심은 희박해져 버린 것이 아닌가"라고 사원은 말한다. 조직 전체의 비전은 없고 서비스의 질은 저하되며 조직을 받쳐주는 균일한 토대는 희미해져 가고 있었다.

그리고 판단기준과 가치관이 다양화되고 있음에도 불구하고 급여 제도는 연봉제 한 가지 패턴이며 연봉의 변경 방법도 매니저와 사장의 협의에 따라서만 결정되고 있었다.

▶ 진단

B사 사원의 모티베이션 상태를 파악하기 위해 '4 Eyes'를 실시하였다.

사람 마다 개성이 있듯이 회사마다 사원이 높은 모티베이션을 가지고 일하기 위해 필요한 조건은 서로 다르며 그 조건의 크기 또한 서로 다르다. 조직을 변혁하고자 할 때는 그러한 조건을 유지·향상시킴과 동시에 이를 저해하는 요인은 제거해 나가는 것이 중요하다. B사에서 실시한 결과는 '제도 처우 : 업적의 평가나 이에 상응한 보수로 체계화 되어 있지 않다는 점' '시설 환경 : 사무 환경이 정비되어 있지 않다는 점' 등이 저해 요인이라는 것이 명확해졌다. 동시에 실시한 인터뷰를 통해서는 "서비스의 수준·스타일은 사람에 따라

| CHART 40 | 모티베이션 요인 '4 Eyes Windows'

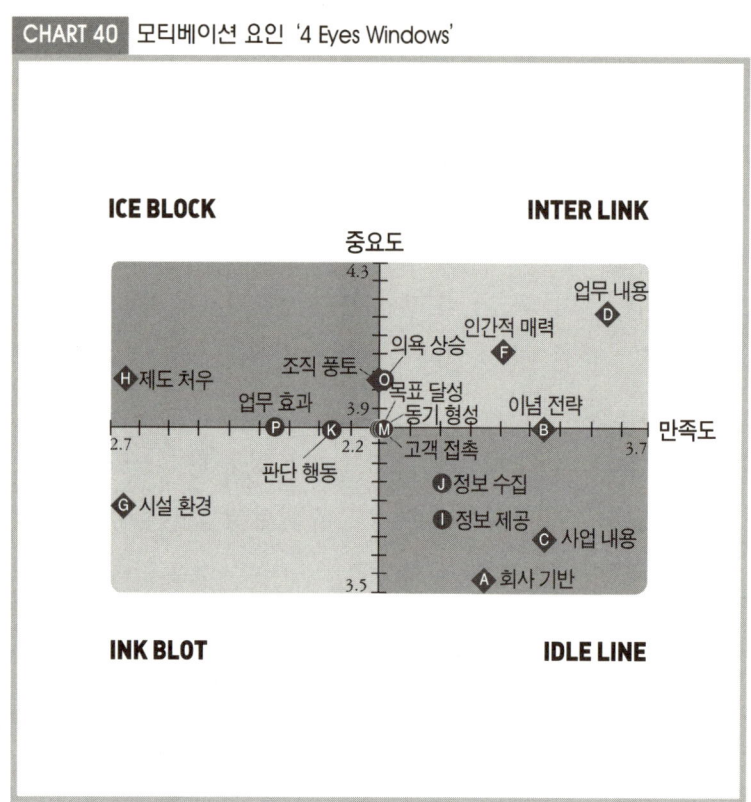

서 제각각인데, 회사의 스타일이라 해도…" "다양한 형태가 있기 때문에 대응은 그때 그때 생각할 수밖에 없습니다" "동료들과 한가하게 대화할 시간도 장소도 없어서 커뮤니케이션을 해보려고 해도 어렵습니다"

경영자가 사원 전체를 대상으로 직접 말할 장소도 없고, 사원들이 동료들과 B사의 비전이나 문화에 대해서 얘기할 기회도 거의 없는 상황에서는 당연한 결과였다.

≪모티베이션 마케팅 결과… Chart 40≫

▶ **해결 테마**

'과거 관성으로부터의 탈피'

"사원이 빠른 속도로 증가하면서 어쩐지 회사 문화가 희박해지고 있는 느낌이다. 사원들에게 회사의 비전이 전달되지 않는 것 같다." 경영자의 이러한 막연한 불안감에서부터 조직 변혁 프로젝트는 시작되었다.

변혁의 1단계인 '**해동**'은 개인의 비전과 조직의 비전을 연계시켜 사원의 모티베이션을 끌어내고 조직 비전을 실현하는 원동력을 창출하는 것을 목적으로 삼았다.

프로젝트는 먼저 사원 전원이 공통의 목표로 삼을 수 있는, 다시 말해 장래의 영상이 떠오르도록 할 수 있는 비전을 말로 만드는 것에서부터 시작되었다. 공통의 언어를 만드는 것은 서로 다른 생각을 가진 사원들을 묶어내는 데 무엇보다 중요한 일이다.

그리고 각자의 눈에 보이지 않는 비전 스타일을 명문화하고 공통 언어를 만들어 내었다. 공통 언어는 단순히 말로 나타낼 뿐만이 아니라, 그 단어에 담겨있는 의미나 배경도 함께 추출하는 데 중점을 두어 '우리 회사다움'을 표현하는 문구로 변환시켰다. 그리고 경영자와 함께 조직에 가장 잘 어울리는 문구, '좋은 사람과 최고의 업무를 하는 사람들의 집단'이라는 조직의 비전을 만들어냈다. 또 B사가 지금까지 손수 만들어왔고 향후에도 실현해 가고 싶어하는 장래의 점포 이미지를 '참된 만남의 장소'로 내걸어 명확히 하였다.

다음에 창출해낸 비전을 사원들이 다양한 형태로 접촉할 수 있는 기회를 만들어내어 조직 속에 비전을 침투시켜 나갔다.

비전을 볼 수 있도록 만든 '비전 영화'. 사람의 눈에 보이지 않는 비전을 영상으로 만들어 사원들에게 공통의 메시지를 전달할 수 있었다. 또 사원의 대표로서 비전을 자신의 언어로 말하는 장(場)인 '사원 참여형 채용 활동'. 이는 사원 한사람 한사람이 응모자에게 "나는 … 라고 생각합니다"라고 회사의 비전을 전하는 정중한 채용이다. 비전을 철저하게 생각하기 위하여 도심에서 멀리 떨어진 호텔이나 콘도에서 2일 동안 동료들과 함께 열심히 토론하는 스테이 연수 '컬리지(College)'. 그리고 서로 다른 근무지에서 물리적으로 떨어져 지내는 사원들이 활발한 커뮤니케이션을 통해 공통 언어를 창출하기 위하여 전 사원의 얼굴 사진이나 프로필 정보를 게재한 '커뮤니케이션 카드'를 작성하기도 하고 전 사원이 참가하는 '킥 오프(Kick Off) 회합'을 정기적으로 실시하기도 했다.

2개월에 1회 실시한 이 킥 오프 회합에서 전 사원이 얼굴을 맞대고 회사의 업적, 사내에서 진행되고 있는 프로젝트 정보, 경영진으로부터의 메시지 등 모든 정보를 공유하게 만들었다. 처음에는 '무엇 때문에 바쁜 사원들이 일부러 모여야 하는가?'라는 불만을 품은 채 참가한 사원들도 있었지만 전 사원이 시간을 공유하여 회사의 움직임을 생생하게 실감하는 가운데 모두가 커뮤니케이션의 중요성을 피부로 느끼기 시작했다.

다음 단계인 **변화**에서는 점차 활성화되기 시작한 커뮤니케이션을 토대로 사원에 의한 프로젝트를 출범시켰다. 내용은 기존 사업의 수익성을 높이고 신규 서비스와 기존 서비스의 시너지를 촉진하는 지식 커뮤니케이션. 그러나 단순히 업무를 표준화하는 것이 아니라 각 점포의 대표자들이 모여서 현장의 지혜를 공유하고 조직으로서의 힘을 축적해 나가는 즐거움을 느끼면서 자발적으로 지식 경영을 실천하게 했다. 지금까지 함께 업무를 수행해온 동료들끼리도 서로 공유하지 못했던 노하우와 지식이 대량으로 현재화되고 구체적인 형태로 드러나게 되었다. 이런 방법으로 명문화된 탁월한 성과 창출자(High Performer)의 노하우는 단순히 매뉴얼에 머무르지 않고 점포의 교육 연수 텍스트가 되어 각 점포 사이에서 공통의 커뮤니케이션 수단이 되었다.

커뮤니케이션의 가치를 이해하고 여기에 코스트를 투입해야 하는 의의를 인식한 후 최종 단계에서는 사세 확장기에 만들어진 규정에 덧붙여 다양화하는 사업에 부합하는 하위 규정(Local Rule)을 설정해 나갔다. 또 점포 업적과 회사 업적에 적절하게 연계된 개인의 급여·상여 시스템을 설정하고 동시에 다양해진 직종에 대응할 수 있는 매니지먼트 능력을 양성하고 **'동결'** 시킨다. 직무의 다양화와 육성 방법을 적절하게 결합시키기 위해 직종별·계층별 연수를 실시하기도 하고 뜻을 같이하는 동지를 규합하는 사람 중심의 기존 채용 전략을 주방(Kitchen)이나 제너럴 매니저처럼 직종별 역할별로 기능을 중심으로 채용하는 전략으로 바꾸기도 했다.

또 '4 Eyes'를 통해 파악한 모티베이션의 저해 요인이었던 사무 환경의 미비 문제를 비전과 스타일을 구현할 수 있도록 전체 점포에 걸쳐 리뉴얼(Renewal) 작업을 실시하였다. 벽면은 전체를 화이트 보드로 만들고 레이아웃도 자기 점포의 목표를 모두가 기록하게 했으며 '고객 만족'이나 '접객(接客)' 등 사원들의 관심이 높은 서적들을 모두가 볼 수 있도록 비치하는 등의 연구를 하였다.

다양성을 묶어내기 위해서는 지금까지의 관성에서 탈피하여 자세와 가치관을 공유하는 노력이 필요하다. B사는 본격적인 다각화 시

구체적인 액션

해동

□ 커뮤니케이션 변혁
  ⇒ 아이덴티티의 추상화
  ⇒ 공통 언어(단어와 사고의 운영 체계) 만들기 : 비전을 명문화하고 '비전 영화' '커뮤니케이션 카드' '킥 오프 회합' 등 다양한 기회를 공유한다

변화

□ 서비스 변혁
  ⇒ 기존 사업의 수익성 높이기 : 서비스의 표준화 : '지식 커뮤니케이션 프로젝트' 실시
  ⇒ 신규 서비스와 기존 서비스의 시너지 촉진 : '서비스'를 공통의 인프라로 삼아 호텔 사업을 전개할 계획임

동결

□ 규정 변혁
  ⇒ 하위 규정의 설정
□ 인적 자원 변혁
  ⇒ 직무의 다양화 촉진과 육성 방법의 연계 : 직급별 직종별 연수 등을 실시
⇒ 동지 규합에서 기능 조달로 : 직종별 역할별 채용을 실시

기에 돌입하기 전 단계에 철저하게 기초를 다지는 작업을 하면서, 조직으로서의 일체감을 조성해 나갔다. B사의 사원과 접촉한 많은 사람들이 B사의 변혁 노력을 느끼고 있는 상태이다.

| 사례 3 | 재생 모드 |

사 명	주식회사 C
사업내용	통신기기 개발 메이커
설 립	1963년
자본금	170억 원
사원 수	약 2,500명
매출액	1조 2,000억 원

▶ **회사 연혁**

C사는 통신 업계에서 선두 주자이다. 40년의 역사 속에 수 차례 획기적인 제품을 개발해낸 연구 개발 기업이다. 그 영역은 방재(防災) 관련 기기에서 해상 기기 등 업무용 기기로 특화해 왔기 때문에 가전 회사와 같은 지명도는 없지만 순조롭게 성장을 거듭하여 조직을 확대시켜 왔다.

그러나 조직 속에는 연공 서열로 대표되는 역사 중시 경향이 강하게 남아있고 여러 곳에서 왜곡 현상이 발생하고 있었다. 우선은 '개발' '생산' '영업' 등의 부서별로 부서 이기주의가 나타나고 '본사'와 '지사' '공장' 등 지역에 따라서도 부문 이기주의가 횡행하고 있었다. 사원들은 자기 부서를 빼고는 다른 부서에서는 대체 무엇을 하고 있는지 전혀 알지 못하고 흥미도 없는 상태였다. 이미 하나의 기업이라고 하기보다는 전혀 다른 기업들의 집합체나 다름없는 상태였다.

 또 사내에서 의사 결정할 사안이 생기면 매사를 과거에 어떻게 처리했는가만 중시하는 관례주의를 들먹이고 있었고, 따라서 과거에 어떤 판단이 내려졌는가에 대해서는 모두가 잘 알고 있는 내부 지향성은 강했지만 외부의 시장에서 보았을 때 그 판단이 적절했는가 하는 시장 지향성은 대단히 낮아 고객 관점이라는 용어조차도 사내에서는 들어볼 수 없는 상태였다. 다시 말해 고객은 없고 상사의 안색을 살펴 업무를 추진하고 있다고 해도 과언이 아니었다. 당연히 과거에 만들어진 업적 관리와 평가에 대한 체계가 현 단계에는 맞지

조직에서 드러난 증상

무력감 만연증
➡ 변화에 대한 두려움. 관례주의

부문 이기주의 횡행증
➡ 부서, 지역별 분파주의

고객 관점 결여증
➡ 사내에서 고객에 관한 얘기는 거의 들을 수 없다

커뮤니케이션 막힘증
➡ 커뮤니케이션이 경직되어 있어 사내에는 무력감이 만연하고 있다

않아 형식화되고 있었다. 사원들 사이에서는 "말을 아무리 해봐도 변하는 것은 없다" "분발하건 분발하지 않건 마찬가지다"라는 체념 분위기가 만연하고 있었다.

▶ **진단**

C사에 대해서도 '4 Eyes'를 통해 사원의 상태를 파악해 보았다. '4 Eyes'로부터 도출된 결과는 다음과 같다.

Chart 41에서와 같이 'ICE BLOCK'에 있는 모티베이션 요인은 없다. 이는 사원이 중시하면서 동시에 거기에 만족하지 못하는 요인은 없다는 점을 보여준다. 언뜻 보아 C사와 사원의 관계성에 문제가 없는 것처럼 보인다. 그러나 과거에 조사를 실시한 기업들의 평균치와 비교해 보면 모든 모티베이션 요인의 만족도가 낮게 나타나고 있는데 이는 극단적으로 말하면 회사, 업무, 처우, 상사 그리고 부서의 어느 것에 대해서도 기대를 상실하여 만족 운운하기 이전에 조직으로서 '활력을 잃은' 상태라고 생각된다. 사원들이 회사와 조직에 대하여 반은 체념하고 있는 것처럼 파악되고 있어 변혁기로 돌입해야 할 기업의 성장을 저해하는 요인이 될 가능성마저 있는 것이다.

그리고 함께 실시한 사원 인터뷰에서는 각 모티베이션 요인에 관한 정보를 얻을 수 있었다. 예를 들면 처우에 대한 만족도가 모든 모티베이션 요인 가운데 가장 낮은 것으로 나타났는데, 이는 단순히 보상 액수의 많고 적음이 문제가 되는 것은 아니었다. "분발하는 정도와 무관하게 승급이 일률적인 것은 말이 안 된다" "열심히 하고 있는 프로세스를 평가해주어야 한다" "얼마나 오래 근속하고 있는

CHART 41 모티베이션 요인 '4 Eyes Windows'

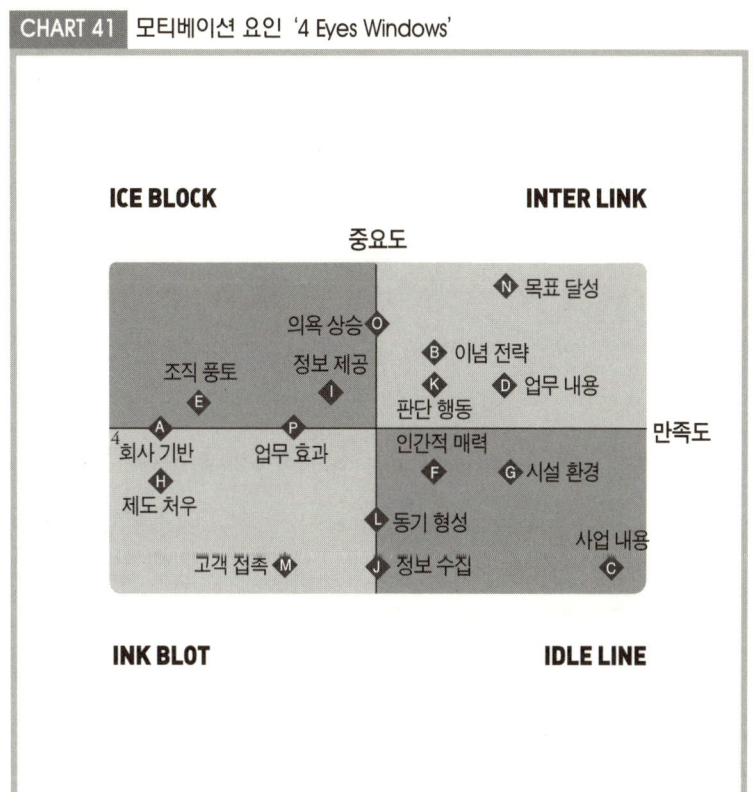

가 보다는 업무의 질을 평가해주면 좋겠다" 등등, 열심히 일하고 있는 사람이나 성과를 올린 사람에게 높은 보상을 부여하는 등의 설득력이 있는 평가와 보상 제도를 요구하고 있지만 현재 제도는 그렇지 못하다는 점이 처우에 대한 불만의 주요 요인으로 나타났다.

또 매니지먼트에 대한 낮은 만족도는 사내의 커뮤니케이션이 얼마나 경직되어 있는가를 보여주고 있다. "평가 기준을 명확하게 제시해야 한다" "업무의 중요성이나 의미에 대해서 얘기해줘야 한다" "회사의 방침이나 전략을 전달해야 한다"는 등의 주문을 쏟아냈는

데 이는 평소 상사의 정보 제공에 대한 불만이 누적되어 있었다는 반증이다. "상사와의 커뮤니케이션은 거의 없다. 부하 직원에 대한 조언도 없고 대화도 없다" "조직으로서 기능을 발휘하고 있는지 의문이 든다. 모두가 따로따로 움직이고 있다는 느낌이 든다"라는 얘기를 자주 들을 수 있었다.

이러한 경향은 특히 생산 부문에서 두드러졌다. 생산 부문은 1인, 혹은 소수의 인원이 하나의 작업을 반복적으로 수행하는 일이 많고, 부서 내에서의 커뮤니케이션 양이 절대적으로 적었다. 게다가 고객 접촉이 없는 부문이고 부문간 정보 공유나 상사로부터의 정보 제공 또한 없는 환경에 처해 있어, 회사 전체적으로 생산 부문의 중요성, 제품의 중요성이 제대로 전달되지 않고 있는 데도 문제가 있었다.

"부서에서 성공 사례나 노하우를 공유하는 노력이 있어야 한다"는 항목에 대해 불만을 가지고 있으며, "말을 하는 일조차 별로 없기 때문에 같은 개발 팀 구성원의 진척 상황조차 알지 못하고 있다"고 하여 매니지먼트에 대한 불만과 함께 조직의 커뮤니케이션 문제가 부각 되었다.

▶ 해결 테마

'관점의 변경'

일반적인 변혁 단계를 밟아 나간다면 인사 제도를 쇄신하는 작업은 '후(後) 공정'에 해당한다. 그러나 새로운 변화를 지향하는 조직이 이러한 상태에 처해있다면 과거의 관성에서 크게 탈피하기 위한 조치로 '인사 제도 도입'이라는 어프로치를 시도해볼 필요가 있다.

동시에 사원의 커뮤니케이션을 소통시키고 신뢰 관계를 조성해 나가는 모티베이션 시책을 강구함으로써 조직을 활성화하는 방법도 고려해볼 수 있다.

따라서 먼저 해동 과정으로 신인사 제도를 도입하였다. 미래를 지향하는 커다란 변혁을 반영시켜 담아낸 인사 제도, 예를 들면 지금까지의 '시간에 따른 보상' 중심의 사고에서 벗어나 '성과에 따른 보상'을 다양하게 포함시키고 목표를 설정하고 그것에 대한 평가에 따라 보상을 결정하는 성과주의를 기본으로 제도를 구축하였다. 제도 자체는 단순한 인건비의 삭감이 아니라 전체적으로 보상의 규모를 늘리겠다는 점, 성과를 올린 사람에게 더 높은 급여를 지불하겠다는 점을 널리 알려서 오해가 없도록 힘쓰기로 했다. 실제로 새로운 제도의 도입을 전후하여 살펴보면, 총액 인건비에 변화는 없고 오히려 단기적으로 증가하고 있다. 사원의 처우에 대한 납득 정도를 높여 평가와 보상을 연계시키는 정책을 관철시키는 데 가장 역점을 두고 있다.

한편 이 체계를 바로 운용한다고 하더라도 목표를 결정해본 일이 없고 성과라는 것을 의식해본 적이 없는 사원, 그리고 부하 직원의 평가를 어떻게 해야 하는지 모르고 있는 경영진이라면 잘 될 리가 없다.

따라서 제도의 형태를 결정한 후 실제 운용에 이르기까지 시간을 두고 상사와 부하, 사원 상호간 커뮤니케이션을 활성화하고 제도가 제대로 기능을 발휘하도록 하기 위해 꼭 필요한 매니저 교육 등에 힘을 쏟게 되었다. 이 인사 제도 도입과 운용의 프로세스를 사원의 회사, 업무, 처우, 상사, 부서에 대한 모티베이션 향상으로 직결시키고자 노력했던 것이다.

변화 국면에서는 신인사 제도의 내용을 이해시키고 침투시키기 위해, 그리고 부서의 커뮤니케이션을 활성화시키기 위해 사원을 몇 개의 집단으로 나누어 게임을 중심으로 한 교육 프로그램을 실시했는데, "목표 설정이란 무엇인가"를 테마로 잡았다. 게임이라고 하지만 복잡한 것이 아니라 사원들이 목표 설정의 본질적 의미를 체험할 수 있도록 구성한 집단 대응식 연습이었다. 미리 자신의 목표점수를 신고하도록 하고 그 포인트를 획득할 수 있는가 없는가를 점검해 본다. 그리고 집단 전체를 생각했을 때 다른 집단의 점수가 계획에 비해 밑돌았을 때에는 그 차이만큼 목표를 상향 수정한다는 내용이었다. 이 게임을 통해서 목표를 가지고 업무를 수행하는 즐거움과 목표 설정의 기술을 배우게 되었다. 이와 동시에 집단 작업을 통해 다른 사람들과 커뮤니케이션을 취하는 재미도 아울러 체험하도록 할 수 있었다.

또 커뮤니케이션을 하고 인사 제도가 제대로 기능을 발휘하도록 하는데 있어 중심적 역할을 담당할 매니저들에 대한 연수도 실시하였다. 그들이 '모티베이션 창조자'가 되지 않는 한 지속적으로 사원의 모티베이션을 높게 유지하기란 어려운 일이다. 그래서 매니저들에게 인사 제도의 근간이 되는 목표 설정과 평가의 기술을 전수하면서 업무의 의미와 의의, 회사 속에서의 역할, 고객의 정보 등 매니저들에게 없어서는 안 되는 '정보 제공 기능'을 갖출 수 있도록 연수를 실시하였다.

지금까지 목표 설정은 각 부문에서 짜낸 매출과 이익 목표를 집계하여 회사 전체의 목표를 결정하는 식으로 해왔다. 이러한 목표 설정 체계는 언뜻 보아서는 문제가 없는 것 같지만 실제로는 부문간 커뮤니케이션 없이 각 부문이 독립적으로 목표를 설정하고 이를 달성하고자 하기 때문에 부문 이기주의와 부문간의 벽을 조장하는 체계였다. 또 이 회사가 정밀 기계를 취급하는 제조업이다 보니 계획도 '원' 단위로 작성되어 있었다. 원가 계산, 코스트 계산은 정확히 수행해야 하겠지만, 회사에서 한 덩어리로 추구하는 목표 수치는 00억 원 단위면 충분하다. 우선은 매니저들에게 목표 설정이란, '회사 전체의 목표를 결정하고, 이를 달성하기 위해서 각 부문이 얼마만큼의 목표를 안으며, 상호간에 어떤 식으로 지원 활동을 결합시켜 나가야 하는가를 검토하는 프로세스' 라는 의식을 심어주었다. 이 연수는 실제로 목표 설정의 프로세스를 체험시키면서 자기 부문에서는 다른 부문에 어떤 지원을 해줄 수 있는가, 그리고 어떠한 지원을 하고 싶은가에 대하여 생각해보게 함으로써 각 부문의 연대를 심화시키는데 주안점을 두었다.

우리들이 놀랐던 것은 매니저들의 입에서 상상 이상으로 "이러한 지원을 하고 싶다" 는 얘기가 많이 쏟아져 나왔다는 점이다. "생산 부문의 효율성이 높아질 수 있도록 제조 공정을 보다 강하게 의식하여 설계 작업을 해나가겠다" "영업 부문이 고객에 대해서 즉각적으로 대응할 수 있도록 최대한으로 기술을 제공하고 납기 단축을 실현하겠다" 라는 식의 지원 의사들이 표명되었다. 제대로 된 목표의 존재와 커뮤니케이션 방식을 처음으로 접하면서 많은 매니저들이 자신들의 '과거 업무 방식' 을 반성하고 부문과 부문 사이, 매니저와 부하 직원 사이의 커뮤니케이션을 활성화하기 위해 노력하기로 하였다.

이 프로그램을 진행하는 과정에서 링크 & 모티베이션 사의 컨설턴트와 C사의 사원이 접촉할 기회를 갖게 되었다. 변혁기의 시책으로 중요한 점은 외부 세계와의 접촉이다. 변혁을 저해하는 것은 조직 내부에서 오랜 기간 별다른 자극 없이 굳어져버린 사고와 행동 양식이다. 링크 & 모티베이션 사가 조직 속에 들어가 외부 세계와의 접점을 만들어준 것이 사원의 사고와 행동에 커다란 자극을 준 것임에는 틀림없다.

상품 서비스 영역에서는 상품의 기능 분석을 수행하여 처음으로 최종 사용자용 상품(휴대전화기)을 개발하여 판매하게 되었다.

이러한 변혁을 정착시키기 위한 '**동결**' 국면에서는 사원 총회를 개최하였다. 사원 총회도 초기에는 사장의 연설, 외부 세계에 대한 사원들의 대응이 중심이 되고 부정적인 타격도 많았지만 최근에는 회사 내 변화를 긍정적으로 촉진시키는 방향으로 변하고 있다. 경영진이 사원에게 인사 제도와 회사의 비전에 대해 설명하는 등 경영진과 사원간의 커뮤니케이션 격차를 없애려는 노력이 기울여지고 있다. 그러나 이에 그치지 않고 사원 전체에게 정보를 발신할 수 있는 사원 총회를 활용하여 '외부 세계로부터의 자극'을 받기 위한 노력도 병행하고 있다.

휴대 전화기의 개발·발매는 C사로서는 최초의 소비자용 제품인데 이 제품이 회사의 장래와 업무에 대한 대응 자세라는 모티베이션을 고양시킬 수 있었다. 대형 가전 양판점의 고객이나 판매 직원에게 "이 제품에 대해 어떻게 생각하십니까" "어떤 면에서 유용합니까" 등의 인터뷰를 실시하고 비디오로 촬영한 내용을 사원 총회에서 상영하였다. 비디오 내용에는 C사의 상품을 칭찬하는 목소리뿐만 아니라 "기능적으로 xx한 점을 좀더 늘려주었으면 좋겠다" "디자인을 다시 생각해봐야 한다"라는 '생생한 요구사항'도 풍부하게 포함되어 있다.

7장에서 사원이 자신의 역할과 업무의 의미를 실감할 수 있는 기회를 갖게 되면 회사에서 실시하는 모티베이션 시책의 효과가 높아진다고 설명하였다. 모든 부문의 사원이 이 비디오를 보면서 고객 접점을 느끼고 자신들이 관계하고 있는 제품이 사람들에게 유용하게 쓰이는 것을 실감할 수 있는 기회를 제공한 것이다. 그리고 고객에 대한 의식이 높아짐으로써 성과에 대한 사고도 바뀌게 되었다. 비디오 상영을 통해 제품 자체의 기술력을 높여야 함은 물론, 고객이 직접 사용할 때의 만족감을 의식하면서 업무를 수행하는 자세야말로 평가 대상이 되어한다고 생각하게 되었다.

또 고객을 향해 성과를 올린 인물을 전체 사원 앞에서 표창하였다. 바로 주변에서 영웅을 만들어냄으로써 커뮤니케이션은 더욱 활발해지고 사원들에게 보다 의욕적으로 일하고자 하는 모티베이션이 일어나게 되었다.

아직 변혁은 시작에 불과하기 때문에 제도가 충분히 기능을 발휘할 것인가의 여부는 좀더 지켜보아야 하겠지만 현재 눈에 띄는 효과라면 사내에서 '사람의 목소리'를 전보다 훨씬 더 많이 들을 수 있게 되었다는 점이다. 목표 설정의 방법이 바뀌고 부문간에 커뮤니케이션이 서서히 이루어짐으로써 회사 속에서 자신이 하는 업무의 의미를 알게 되고 회사 경영에 참여하고 있다는 느낌도 생겨나고 있다.

인사 제도 만이 아니라 회사 풍토 또한 지방 기업에 흔히 있는 한가로운 분위기로부터 성과를 중시하는 긴장감 도는 분위기로 변했고 많은 개인 작업도 각 부문간, 사원 상호간 커뮤니케이션을 중시하는 풍토로 변했다. 단순히 제도를 도입할 뿐만 아니라 사원을 납득시키는 노력을 기울여 이러한 변화를 환영하는 사람들이 많아졌다고 생각한다.

다만 이러한 변화에 대해서 잘 납득하지 못하는 사람도 나오게 마련이다. 변혁기에는 '피를 흘리는 것'을 너무 두려워해서는 안 된다. 지금까지와는 다른 제도를 침투시켜서 새로운 풍토를 양성하려면 불가피하게 예전의 제도와 풍토를 중요시하는 사람들을 '용퇴' 시켜야 할 경우가 있다. 중도 채용을 제도적으로 구비하여 적극적으로 인재를 영입함으로써 외부에서 새로운 '피'를 지속적으로 받아들이고자 하는 노력이 필요하다.

구체적인 액션

해 동

□ 규정 변혁
  ⇒ 권한 세분화를 촉진하는 제도 개편 : 신인사제도의 도입, 업적 관리 단위의 확대
□ 커뮤니케이션 변혁
  ⇒ 정보 흐름의 역전(逆轉)

변 화

□ 인적 자원 변혁
  ⇒ 관리자의 의식 개혁 : 제도 도입 연수의 실시, 매니지먼트 연수의 실시
□ 서비스 변혁
  ⇒ 최초의 최종 소비자용 상품을 개발·판매

동 결

□ 커뮤니케이션 변혁
  ⇒ 사원 총회의 실시
  ⇒ 고객 지향 마인드 조성
  ⇒ 영웅 만들기

MOTIVATION COMPANY

Epilogue
에필로그

기업 지배 구조의 미래

The Future of
Corporate Governance

- 기업 지배 구조의 행방
- 엔트리 매니지먼트 ▶ 채용 브랜드의 구축
- 기업 대학 ▶ 기업의 비즈니스 스쿨화
- 차세대형 일터 매니지먼트
- '놀이' '학습' '노동'의 융합을 지향하며

기업 지배 구조의 행방

　최근 들어 시가 회계 제도 도입 등 미국형 자본주의 발상과 제도가 빠르게 도입되어 이식되고 있다. 앞으로 주주에 의한 회사 지배의 성격이 한층 두드러질 것으로 예측된다.
　그러면 우리의 자본주의는 앞으로 어디를 지향하면 좋을까? 임기 응변적인 정책과 법 개정을 통해 그러한 흐름에 몸을 맡김으로써 보다 '미국적인' 모델로 기업 지배 구조를 세워나가면 좋을 것인가? 그러나 한편에서는 이러한 조류에 의문을 나타내는 목소리도 높아지고 있다.
　미국에서 일어난 엔론이나 월드컴의 부정 회계 사건은 자본주의 근간을 뒤흔들 만한 것으로 사건 조사와 당사자들의 체포가 이어졌다. 그러나 이를 특정 개인의 범죄나 윤리상의 문제로 파악해서는 근본적인 해결이 힘들다. 그들을 부정으로 내몬 배경에 숨어있는 구조적인 문제에 눈을 돌리지 않으면 회계 처리 방법과 감시 체제의 강화라는 대증 요법으로 끝나버리게 된다.

도대체 기업의 존속 요건은 무엇인가, 기업을 존속시키고 있는 주체는 누구인가, 그리고 결과적으로 기업 지배 구조를 어디에서 찾아야 하는가. 우리들은 이제 다시 한번 이러한 질문에 대해 깊이 생각해 보아야 할 시기를 맞고 있는 것은 아닐까?

왜 기업은 존속할 수 있는가?

간단히 말하면, 기업은 사회에 필요한 재화와 서비스를 제공하고 그 대가로서 돈을 벌기 때문에 존속할 수 있는 것이다. 만약 기업이 계속 적자를 내어 마침내 대차 대조표의 '자본 부분'이 제로(Zero) 이하가 된다면 그 기업은 실질적으로 도산 상태에 있다고 말할 수 있다. 따라서 기업은 경영 활동의 성과로서 매기마다 자본을 축적하고 필요한 투자를 실시하며 이로부터 다시 자본을 축적하는 경영활동을 계속해 나가고 있는 것이다.

그렇다면 그러한 기업 활동을 존속시키고 있는 주체는 누구인가?

이에 대한 답은 그 기업의 재정 상태·업태·경영 방침 등에 따라 다양하지만 그 기업이 주식 회사인 이상, ① 주주 ② 경영자 ③ 사원 ④ 거래처 ⑤ 은행 ⑥ 일반 소비자 등의 주체들과 관계가 있다.

지금까지 우리 기업은 이 가운데 경영자·사원·거래처·은행의 4자가 주요 주주로서 느슨한 형태로 기업 지배 구조를 실천하여 왔지만 지금 거래처와 은행은 자기들의 보유 주식을 이미 처분했거나 처분하려고 벼르고 있는 상태이다. 그리고 새로운 주식 보유자로서 외국인이 대두하고 있다. 이에 따라 이제까지 일반적으로 '이윤을 목적으로 한 소유'나 '거래 관계를 원활히 할 목적으로 소유' 해왔던 주식뿐만 아니라 '지배·착취를 목적으로 한 소유'가 클로즈업될 가능성도 있는 상황이다.

　이로 인해 지금까지의 우리 기업의 존재 방식을 근본적으로 변화시켜버리는 사태가 일어나고 있다. 심한 경우에는 누군가가 재무 상태가 양호한 기업의 주식을 기존 주주로부터 취득하여 지배권을 장악한 다음 회사를 청산해버리는 경우도 일어날 수 있는 것이다. 그 정도까지의 극단적인 사태는 아니더라도 적어도 "거래처와의 거래 조건을 재검토한다" 또는 "사원이나 시설의 리스트럭처링을 추진한다"는 등의 제안이 남발되는 사태를 예견할 수 있다. 왜냐하면 애당초 기업 경영이란 주주 자본을 유효하게 활용하여 결과적으로 보다 많은 수익을 주주에게 가져다 주어야만 하는 것이기 때문이다. 미국이 표준이 되는 미국형 자본주의는 이점을 소리 높여 외치며 당당하게 주장할 것이다.

　그러나 여기서 잠시 생각해볼 필요가 있다. 주주가 단기적인 이익을 추구하는 것과 기업 이익의 원천인 고객이나 사원의 만족도를 향상시키는 일이 과연 같은 시간 축에서 양립하는 것일까? 단기적인 이익을 추구하는 자세는 중장기적인 이익 획득을 저해하는 딜레마를 안게 된다. 기업 통치의 미래가 불투명하다는 느낌은 누구나 직감적으로 가지고 있는데 그 근본적인 문제를 해결하지 않는 한 전체 경제 활동이나 경제 지표에 있어서도 구조적인 불이익을 초래하는 결과가 될 것이다.

　어디까지나 기업 경영 활동의 주체는 외부 환경과 내부 환경을 숙지하고 있는 경영자와 사기가 높은 사원, 그리고 경영의 안정에 기여해온 거래처일 것이다. 매분기의 경영 성과를 뒤따라 가기 마련인 주주들이 주체가 되기에는 한계가 있다. 주주를 둘러싼 제반 논의가 교차되고 있는 지금, 막연히 요구되는 새로운 체계에 대한 힌트는 경영자 · 사원 · 거래처, 3자에 의한 트라이앵글 · 셰어홀더(Triangle Shareholder) 제도의 구축에서 찾을 수 있지 않을까 생각한다.

업태의 특성이나 자금 조달 필요성에 따라 다르겠지만 앞으로는 주식의 공개를 재검토하는 기업이나 이미 상장되어 있는 기업 가운데서도 전향적으로 상장 폐지를 검토하는 기업이 많아질 것이다. 왜냐하면 주식 공개에 따른 리스크와 코스트가 비약적으로 상승할 것으로 예상되기 때문이다. 외부의 목소리를 차단하고 완전히 새로운 발상으로 주주 분포를 재구축하는 움직임도 활발해질 것이다.

긴 시간 축을 갖는 기업 활동을 보다 안정적인 활동으로 변화시켜 나가는 일, 주주 대책에 들이는 비용을 사원의 사기 향상과 거래처와의 관계 강화를 위해 사용하는 일, 이러한 방향이 합리적이라고 판단하는 경영자도 늘어날 것이다.

기업의 당사자인 경영자와 사원, 그리고 고객 만족을 위해 경영 자원을 배분하는 일이야말로 영속적인 성장을 실현할 새로운 기업 통치의 방식으로 주목받고 있다. 왜냐하면 이러한 사고 전개야말로 결과적으로 주주 이익을 담보하는 것과 동일한 의미가 되기 때문이다.

엔트리 매니지먼트(Entry Management)

▶채용 브랜드(Recruiting brand)의 구축

　　인재 유동화가 본격화되면서 기업 지배 구조 방식을 변혁하지 않을 수 없게 되었다. 거품 경제가 붕괴된 이후 기업과 투자가는 상호 간에 코스트 상승과 리스크 부담을 견디기 힘들어 '상호 구속 관계'로부터 계열이나 보유 지분을 해소하는 식의 '상호 선택 관계'로 변모하고 있다. 기업 경영자는 '의리'가 아닌 '이익'을 요구하는 주주에 대한 책임을 강하게 의식해야만 하는 시대를 맞아 골머리가 아픈 것이 현실이다. 이러한 환경 변화에서 시작하여 조만간 주주 중심주의 경영, 투자가에 대한 정보 공시 및 설명 책임이 강하게 요구되는 시대가 이어질 것임에 틀림없다.

　　그러나 과도한 경영 스타일의 변경은 또 하나의 환경 변화인 인재 유동화와 갈등을 불러일으키고 있다. 왜냐하면 투자가를 중시하는 경영 판단은 때로는 고객과 사원이라는 당사자들에게 모순된 활동을 강요하기 때문이다. 단기 이익을 추구하는 투자가의 요구가 반드시 당사자인 고객과 사원의 모티베이션을 충족시켜준다고 할 수는 없기 때문이다. 인재 유동화 시대에는 현장의 모순을 장기간에 걸쳐 그대로 안고 갈 수가 없다. 사원은 경력 향상을 위해서 언제든지 다른 선택 대안을 모색하려 하기 때문이다. 아무리 효과적인 사업 계획을 작성하더라도 중요한 사업 수행자가 조직을 단념하고 빠져나가 버리면 주주 이익 또한 실현할 방법이 없다.

이러한 이유에서 과도한 주주 중심주의 경영은 조만간 재검토되어야 할 것이다. 조직이 사람의 집단인 이상 우수한 인재야말로 조직의 미래를 떠받치는 보물이요, 성장의 근원이다. 따라서 기업을 둘러싼 환경 속에서 무엇보다 중시되어야 할 것은 '현재의 사원' 및 '미래의 사원' 이다.

인재를 중시하는 경영, 다시 말해 모티베이션 기업(Motivation Company)을 실현하기 위해서 모든 시책의 전제로서 엔트리 매니지먼트(Entry Management)라는 개념을 도입하는 것이 대단히 중요하다. 엔트리 매니지먼트는 문자 그대로 '조직의 출입구 관리' 라는 의미로서, 주로 다음 두 가지 목적을 지니고 있다.

첫째, 신입 응시자와 조직간의 상호 이해를 촉진하고 공감을 만들어가며 서로 돕고 서로 아껴주는 상부 상조의 상태를 만들어 가는 일이다.

정보 제공의 단계에서 사업 내용과 업무 내용, 경영 비전과 처우 등에 대해서 충분한 정보를 제공하고 응모자의 회사 선택 기준과 자사의 매력 요인이 부합하도록 하는 것이다. 정보 제공과 정보 수집을 되풀이함으로써 응모자와의 사이에 '상호 이해' 를 실현하고, 결과적으로 서로 돕고 서로 아껴주는 관계를 맺고자 하는 대상자와 세세한 각론에서 기대치 조정을 시도한다. '속고 속이는' 식이면 입사 초부터 모티베이션 문제를 내포하기 때문이다.

둘째, 응시자들이 일하고 싶어할 만한 매력을 만들어 인재 시장에서의 브랜드를 구축하는 것이다. 기업의 경쟁력은 하드웨어가 아닌 소프트웨어로 결정되는 시대가 되었다. 물건을 만들기만 하면 잘 팔려 나갔던 시절 좋은 세상은 이미 끝났다. 이제 물건에 얼마만큼의 소프트웨어를 부가할 수 있는가, 그리고 사원의 지혜를 바탕으로 서비스를 창출하며 고객 심리를 제대로 상품 개발에 반영시키는 일이 중요한 시대로 변하게 되었다.

이처럼 소프트웨어를 부가하는 우수한 인재를 어떻게 내부에 끌어들여 붙잡아둘 것인가에 기업의 운명이 달려있다. 우수한 소프트웨어 역량 = 인재 역량을 자사가 확보하는가 아니면 경쟁 기업이 확보하는가에 따라서 크나큰 업적 격차를 만드는 시대가 되었다. 이 점이 '고도 성장기의 서구 기업을 따라가는 비즈니스 모델'과 결정적으로 다른 점이다.

예전에는 업무를 누가 담당하든 성과 격차가 기껏해야 2~3배 정도에 불과하였지만, 소프트웨어 시대에는 누가 담당하는가에 따라서 수십 배 혹은 그 이상의 성과 차이가 나게 된다. 제로 섬 게임 양상을 보이는 시대, 혹은 승리한 쪽과 패배한 쪽으로 양극화되는 시대에 한 사람의 우수한 인재 동향이 기업 경영에 커다란 충격을 주게 되었다. 경영자는 이러한 변화에 둔감해서는 안 된다. 변혁을 향하여 각 기업이 내걸고 있는 '제안형' '컨설팅' '솔루션(Solution) 역량'과 같은 테마들은 정말로 인재 가치에 의해서 그 성패가 갈리

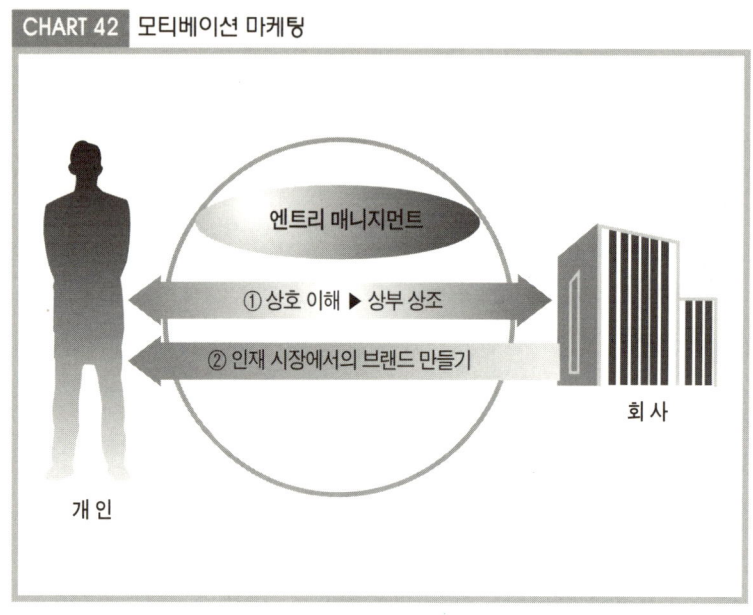

는 모델이다.

  인재의 유동화가 진전되고 전직에 따른 사회적 제재도 없어진 지금, 사원에게 매력적인 보상을 제공할 수 없는 기업으로부터의 인재 유출은 멈추지 않을 것이다. 인재 시장에서 자사의 브랜드를 구축하는 것, 다시 말해 '채용 브랜드'를 구축하는 데에 변혁의 축을 두는 것이 21세기에 승리하는 기업으로 가는 등용문이다. 투자가를 향한 IR(Investor Relation; 기업 설명 활동)에 기울이는 노력 이상으로 채용 시장에서 브랜드를 구축하기 위한 의식적인 노력을 기울여야 한다. 채용 브랜드 또한 하루아침에 만들어지지 않는다. 여러 해에 걸쳐 이를 축적해 나갈 때 압도적인 인재 채용 능력을 획득할 수 있을 것이다.

기업 대학(Corporate University)

▶기업의 비즈니스 스쿨화

　인재의 유동화에 따라 근로하는 개인이 회사에 요구하는 내용 또한 크게 변화하고 있다. 2차 세계대전 이래 고도 성장기까지 이어진 기업과 개인의 '상호 구속 관계' 시대에 개인은 '금전 보상'과 '지위 보상'을 향유하였고, 그 대가로 회사에 충성 행동을 제공해 왔다. 그러나 거품 경제 붕괴 이후에 이 관계가 크게 변하고 있다.
　'상호 선택 관계'에서는 기술이나 지식의 향상, 다른 회사에서도 통용되는 보편적인 기술과 시장 가치의 향상을 요구하는 경향이 강해지고 있다. 조직에 얽매이지 않는 시대가 개인이 요구하는 것을 변화시키고 있다고 해서 이상할 것은 없다. 우수한 사원을 끌어들이고 사원에게 매력을 제공하는 체계를 만들어 사원의 기술을 강화시키는 일, 그리고 사원과 공통의 가치관을 공유하는 일 등을 목적으로 한 기업 내 비즈니스 스쿨을 설립하려는 움직임이 활발해지고 있

다. 배울 기회가 많은 기업이 배움에 대한 의욕을 가진 인재를 끌어당기는 것은 당연한 이치이다.

기업 대학이란 '전문 지식' '문제 해결 사고' '대인 능력 개발' '비전과 이념의 공유' '경력 개발' 등 업종이나 각 기업의 문제 의식에 맞추어 강좌를 개설하는 것을 가리킨다.

'상호 선택 시대'로 변화함에 따라 처음에는 개인의 자립이 강조된다. 지금까지 회사에 의존해 왔던 조직인은 '전문성'과 '프로의식'을 요구받으면서 새로운 가치의 창출이나 기업가 마인드 양성이라는 큰 흐름에 갈피를 잡지 못해 갈팡질팡하는 것이 오늘의 실정이다. 고용 책임은 질 수 없지만 자율을 촉진할 기회는 적극적으로 제공하겠다는 것이 기업들의 최근의 입장이다.

이처럼 개인에게 초점을 맞추어 조직으로부터 자립하도록 고취해 온 기업들이 관심을 갖는 다음 테마는 '협동'이다. 다양해지고 복잡해지는 시장 환경에 대응할 수 있는 전문성을 갖춘 개인들이 서로 연대하는 방향으로 움직이지 않는다면 조직적인 성과는 빈약할 수밖에 없다. 회사에 의존하는 형태에서 자립 형태로, 그리고 그 다음 단계인 협동 형태로 나아가는 것이다. 높은 수준의 조직 활동을 지향하려는 노력의 일환이다.

대학은 학습하는 장소이고, 기업은 일하는 장소라는 구별은 더 이상 의미가 없다. 기업 내의 지식 공유가 촉진되고 자립한 개인들이 상호 협동을 실현할 수 있는 기업이 확실한 경쟁 우위를 갖는 시대가 되고 있다.

차세대형 일터 매니지먼트

　모티베이션 엔지니어링 사고는 사무실 시설 영역에까지 영향을 미친다. 단순히 '업무를 하는 장소'라는 역할뿐만 아니라 사무실은 경영 관점에서 두 가지 기능을 추가로 담당한다. 하나는 환경 지원이고, 다른 하나는 경영 메시지 전달이다.
　고용 환경과 취업 의식의 변화에 영향을 받아 근로자 개개인이 자신의 능력을 어떻게 높이고, 그 능력을 어떻게 발휘하여 공헌할 것인가 하는 의식이 급속히 높아지고 있다. 기업에 비즈니스 스쿨 기능을 요구하는 분위기가 높아지고 있는 것도 이러한 배경 때문이다. 기업에 이익을 가져다주는 우수한 인재를 붙잡아 두기 위해서는 적절한 기회의 제공과 환경 지원이 필수적인 과제이다. 사원이 자신의 능력을 최대한 발휘할 수 있는 업무 환경을 제공하도록 경영자는 요구받고 있기 때문이다.
　링크 & 모티베이션사에서는 사무실을 중심으로 한 업무 환경을

CHART 44

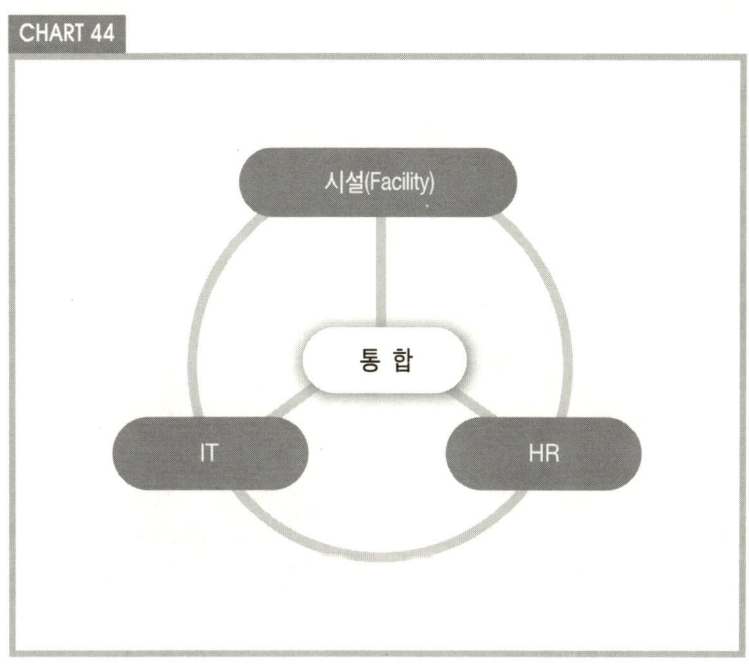

 '일터(Workplace)'라고 명명하고 이를 물리적 환경, 정보 통신 기술, 운용 규정이라는 3가지 요소로 정리하여 파악한다. 물리적인 사무실에 그치지 않고 IT에 의한 업무 지원, 인사 제도를 핵으로 한 운용 규정을 총체적으로 파악한 영역을 사업 대상으로 삼고 있다.
 개인 작업, 팀 작업에 요구되는 장소를 니즈에 부합하도록 확보할 수 있는가, 컴퓨터 네트워크에서 필요한 정보를 쉽게 뽑아낼 수 있는가, 작업 스타일에 적합한 평가 제도가 시행되고 있는가 등등, 업무 환경과 관련된 이러한 과제들은 서로 복합적으로 결합되어 있다. 요즘 컨설턴트나 영업직에 있는 사람들을 대상으로 적극적으로 도입되고 있는 자유 주소(Free Address) 형태 등이 가장 알기 쉬운

CHART 45 '일터 · 모티베이션 · 서베이'

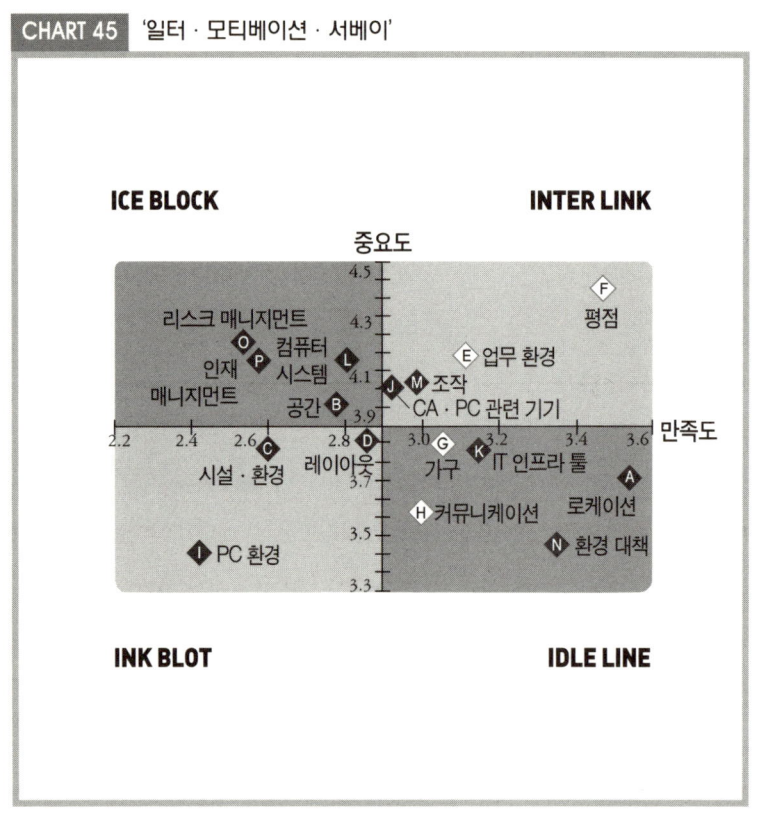

사례이다. 새로운 컨셉의 레이아웃이나 사무 가구의 배치만으로는 충분하지 못하고 IT 지원과 평가 제도가 통합된 시책이 강구될 수 있을 때 비로소 체계로서 성립할 수 있다.

링크 & 모티베이션사에서는 이러한 업무 환경 시책에 관해서 우선 모티베이션 마케팅 기법인 '4 Eyes'를 활용한 조사 '일터 · 모티베이션 · 서베이'를 통해 이용자의 목소리를 듣고 업무 환경에 관련된 과제를 추출하여 우선 순위를 매겨볼 것을 권장하고 있다. 이 접근 방법이 한정된 투자를 최적으로 배분하는데 가장 효과적인 방법이라고 생각하기 때문이다.

　사원이 근무하는 데 있어 중요하다고 생각되는 환경 지원에 초점을 맞추고 정성을 다해 대처함으로써, 사무실에 관련된 코스트를 최소화하고 사원의 성과를 최대로 실현시키고 생산성을 향상시키는 결과를 얻을 수 있다.

　요즈음의 업무 환경에서 생산성 향상과 함께 주목받고 있는 키워드는 '커뮤니케이션' 이다. IT 기술이 발달함에 따라 대부분의 개인 작업은 컴퓨터 상에서 수행되고 정보 전달과 정보 공유의 대부분은 네트워크 상에서 전개되기에 이르렀다. 정보를 디지털화하고 컴퓨터 네트워크 상에서 어떻게 솜씨 있게 커뮤니케이션을 도모해 나갈 것인가 하는 점이 업무 효율화의 관건이 되고 있다.

　다른 한편으로 네트워크 상에서의 커뮤니케이션 양이 많아질수록 동시에 실시간 커뮤니케이션의 중요성이 그만큼 더 증대될 것이다. 사람과 사람이 얼굴을 맞대고 시간과 공간을 공유하는 상황 속에서 이루어지는 커뮤니케이션, 사무실의 공고, 게시물에 의한 정보 공유 등 문자나 말로 할 수 없는 비언어적인 교환을 포함한 실시간 커뮤니케이션이 아니고서는 생각할 수 없는 것, 이러한 것들이야말로 희소성 가치가 있는 것이라고 생각한다. 손으로 쓴 글씨가 아니고서는 느낄 수 없는 맛이나 현물을 확인함으로써 가능한 현장감 등 비언어적 커뮤니케이션의 위력과 영향력은 더할 나위 없이 크다.

　IT 기술의 발달에 의해 초래된 작업 스타일의 다양화를 수용하여 사무실의 존재 가치가 '실시간 커뮤니케이션을 취하는 장소' 라는 기능에 집약되어 있다고 생각한다. 일하는 사람의 모티베이션을 지원하는 커뮤니케이션을, 사무실을 중심으로 한 업무 환경에서 어떻게 지원하고 어떻게 연출하는가 하는 문제는 모티베이션 기업을 만드는데 있어 중요한 과제의 하나라고 할 수 있다.

이러한 업무 환경의 지원을 경영층이 어떤 방식으로 수행하는가 하는 점은 바꿔 말하면 경영 스타일을 메시지로 전달하고 있는 것이라 말할 수 있다. 다시 말해서 "일터는 경영 메시지를 전달하는 커뮤니케이션 매체가 될 수 있다"는 것이다. 우리는 기업 활동을 다음 3가지 커뮤니케이션 영역으로 정리하여 파악하고 있다. ① 기업과 사원의 내적인 커뮤니케이션 ② 기업과 고객의 마케팅 커뮤니케이션 ③ 기업과 응시자의 채용 커뮤니케이션이 바로 그것이다. 각 영역에서 일터를 통한 다양한 커뮤니케이션이 이루어지고 있다고 할 수 있다.

어떤 사무실을 구축하고 어떤 환경 지원을 하고 있는가 하는 점은 이런 시설을 일상적으로 눈으로 보면서 활용하는 사원에게 커다란 영향을 미친다. 경영진이 무엇을 중요하게 생각하며 사원에게 무엇을 요구하고 있는가, 결과적으로 경영진이 사원에 대해 강렬한 메시지를 지속적으로 보내고 있는 것이다.

우리는 새로운 일터를 설계할 때 현상의 고정 관념을 버리고 이상적인 작업 방식을 도출한 후 이를 실현하기 위한 구체적인 방안을 물리적 환경과 정보 통신 기술, 그리고 운용 규정으로 세분하여 나누고 다시 이를 통합된 시책으로 전개해 나가야 한다. 동시에 일터를 이용하는 사원의 의식 개혁을 꾀하기 위해 연수 프로그램을 병행해서 실시하는 경우도 늘어나고 있다. 기업 이념과 중요하게 취급되는 작업 스타일을 공유하고, 이를 실천으로 연결시키기 위해서 새로운 일터를 구축하고 있다고 하는 편이 나을지도 모른다. 어떠한 일터를 구축할 것인가 하는 점은 물론이거니와 그 프로세스에 사원을 참여시키는 것 자체가 모티베이션 시책으로서 유효한 작용을 한다.

시각적 효과가 큰 물리적 환경은 특히 시장에 대해 큰 영향력을 발휘한다. 사무실의 입지, 입주한 빌딩의 등급, 안내 데스크의 디자인 등의 요소가 고객이 받아들이는 기업 이미지에 주는 영향력이란 그야말로 대단히 크다. 현재 서양에서는 기업의 브랜드화를 위한 시책의 하나로 사무실을 적극적으로 활용하는 사례가 증가하고 있다.

또 물리적 환경에 그치지 않고 정보 통신 기술과 운용 규정을 통합한 일터와 작업 스타일의 변혁을 시장에 발신하여 자사의 선진성과 혁신성을 강렬하게 호소하는 사례도 나타나고 있다. 아무튼 기업의 아이덴티티를 확립하고 이를 시장에 내보내는 행위는 고객이나 사원에게 좋은 효과를 만들어 내며 기업의 경쟁력 강화로 이어지고 있다.

자신이 몸담게 될 기업을 선택한다는 대단히 긴장되는 상황에 처해 있는 응시자가 자신이 방문한 기업의 사무실에서 받는 영향이란 참으로 크다. "여기서 일하고 싶다"라는 동기 형성으로 곧바로 연결되는 사례도 적지 않다. 또 최근에는 자신의 능력을 높여주고 발휘할 수 있게 하는 환경인가 하는 관점에서 기업을 선택하려는 경향이 강해지고 있기 때문에 경영층이 어떤 스타일을 내세우며 어떠한 환경 지원을 해주고 있는가 하는 점이 동종 업계 내에서 채용 능력의 우열로 연결되는 사례도 늘어나고 있다.

기업이라는 막연한 조직에서 사무실은 시각적인 인식이 가능한 몇 안 되는 대상물이라 할 수 있다. 따라서 사무실이 사람에게 주는 영향이란 매우 크다. 일터에 관한 시책은 잘만 활용한다면 모티베이션 시책으로서의 효과가 놀랄 만큼 크다.

'놀이' '학습' '노동'의 융합을 지향하며

업계에서 오늘날만큼 모티베이션 문제가 심각했던 적은 일찍이 없었다. 그만큼 현재 업계가 '조직'과 '개인'의 관계 변화에 갈피를 잡지 못하고 쌍방의 새로운 존재 방식을 둘러싸고 혼미 속을 헤매고 있다고 말할 수 있다.

원래 조직은 다양한 가치관과 능력을 지닌 개인들의 집합체이다. 따라서 거의 예외없이 '조직으로서 해야 할 일'과 '개인이 수행하고 싶은 일' 사이에서 충돌이 발생하기 마련이다. 이 충돌의 완충재 역할을 해 온 것이 금전과 지위라고 하는, 예로부터의 보상이었다.

그러나 2장에서 기술하였듯 지금은 그러한 보상의 위력이 저하되어 많은 기업이 모티베이션 위기에 빠져 있다. 최근의 냉엄한 경제 환경 속에서 각 기업이 수행하고 있는 개혁의 성공 여부를 결정하는 것은 종국적으로 고객 접점을 담당하는 현장 사원의 모티베이션이다. 기업으로서 '해야 할 일'만을 강조하고, 강제력을 배경으로 조직 입장에서 바람직한 행동을 강요하기만 해서는 변혁은 중도에서 좌초되고 실패로 끝나버릴 위험성이 다분히 있다. "변하고 싶다" "성장하고 싶다" 혹은 "공헌하고 싶다"고 생각하도록 사원의 마음을 솜씨 좋게 끌어내지 못한다면 경영자가 그려낸 계획은 결국 탁상공론으로 그치게 된다.

'조직으로서 해야 할 일 = 조직의 목표 달성'과 '각자가 하고 싶은 일 = 개인의 욕구 충족'을 동시에 실현시키는 기업이야말로 궁극적인 모티베이션 기업이다. 이 이상형에 다가가는 방법론으로서 모티베이션 엔지니어링이라는 기법을 소개하였다. 결국 중요한 모티브(Motive)는 우리가 오랜 세월에 걸쳐 익숙해져 온 '노동'에 대한 의식을 변혁하여 새로운 노동관을 기업 내에 심는 것이다.

우리는 "노동은 고역이다"라는 패러다임에 오랫동안 젖어왔다. "노동은 인간이 신으로부터 부여받은 벌이다"라고.

"노동하지 않으면 안 된다"는 개념은 앞뒤가 꽉 막혀 답답하기 그지없는 것이다. 우리는 노동, 다시 말해 근무 시간이란 자신의 시간을 조금씩 내다 팔아 돈을 얻는 것으로 이해하고 그 반대편에는 노는 시간을 위치시킴으로써 이 양자를 완전히 구별하려고 하는 사고에 지배되어 왔다. 학교에서 '학습'하고 회사에서 '노동'하고 방과 후 또는 근무 후에 '논다'라는 개념이었다. 이렇게 '놀이' '학습' '노동'의 시간과 공간을 완전히 분리시켜 한편으로는 효율을 추구해 왔다. 예를 들어 '사회인'이라는 것은 대단히 불합리한 용어다. 사회와 관계를 맺으면서 생활하는 학생은 사회인이 아니라는 말인가? '학생은 배우는 사람, 혹은 노는 사람'이라는 식으로 사회인과 구별되고 있는 것이다.

이제 우리는 이러한 고정 관념에 대해 의심해보아야 하지 않을까? 하루의 대부분을 소비하는 '업무'라는 시간 속에는 '놀이하는 마음'과 '스스로 학습'하는 요소가 상당한 비율로 존재하고 있다고 생각할 수 없을까? 필자 자신도 업무란 다분히 학습하는 요소를 포함하고 있는 대상일 뿐만 아니라 동시에 게임과 같은 요소를 아울러 갖고 있음을 실감하고 있다. 정보를 수집하고 기획하고 이를 실행하고 그 결과로부터 다음의 행동을 수정해 나간다. 질이 높은 업무는 '시키니까 한다는 느낌'으로 하거나 '시간을 쪼개어 판다'는 정신에서 나올 수는 없다. 그것은 바로 '놀이' '학습' '노동'이 융합된 상태에서 나오는 경우가 압도적으로 많다.

앞으로의 기업 경영은 "일하고 있다 = 이익에 공헌하고 있다" "놀이와도 같다 = 꿈에 그리던 일이다" "그곳에서 자신을 성장시킨다 = 자기의 가치 향상을 실감한다"라고 사원이 느낄 수 있도록 시간과 공간을 제공해야 한다. '모티베이션 기업'이란 '놀이' '학습' '노동'의 3가지 형태가 균형을 잡고 있으며 '순수'와 '끈기' 그리고 '진심'이 존재하는 사회를 가리키는 말이다.

옮긴이의 글

 '역사는 승자의 기록이다' 라는 이야기가 있다. IMF 관리 체제 이후 사람 중심 관리 시스템의 선봉에 섰던 일본의 인사 관리 시스템은 우리나라 기업에서 점점 그 자취를 감추어 가고 있다. 전략을 중시하는 직무 중심의 미국 인사 관리 시스템의 성공적인 수단으로 성과 보상 제도가 우리 기업의 가장 큰 관심사로 대두되기 시작하였다. 이러한 성과 보상 제도에 대한 긍정적인 측면에 대해서는 아무도 부정할 사람이 없으리라고 생각한다. 그러나 성과 보상 제도를 서둘러서 도입하면서 '글로벌 스탠더드' 라고 하는 대의 명분에 너무 치우친 나머지 인간이 가지고 있는 근본이나 풍토에 대해 다소 소홀한 점이 없지 않았나 하는 반성을 해본다.
 성과 보상 제도가 지향하는 바는 현재의 성과와 미래의 성과를 어떻게 높여 나갈 것인가에 초점이 맞추어져 있다. 그러나 성과 보상 제도를 지향하는 그 중심에는 인격을 가진 인간이 존재하고 있다.

이러한 인간은 문화와 풍토의 산물임과 동시에 그들의 행동은 이를 바탕으로 한 모티베이션을 통해서 이루어진다. 따라서 어떻게 모티베이션을 활성화시켜 나갈 것인가 하는 것이 성과 보상 제도를 도입하고 있는 기업의 당면 과제라고 생각한다. 그러한 의미에서 합리 지향의 성과주의 인사 제도에 윤활유 역할을 할 수 있는 인간 중심의 모티베이션 관리는 큰 의미가 있다고 본다.

그러면 어떤 방법으로 모티베이션을 관리할 것인가? 사람은 누구나 "즐거운 업무를 하고 싶다" "자신의 업무를 인정받고 싶다" "누군가의 기대를 받고 싶다" "보람을 느낄 수 있는 업무를 하고 싶다" "존경할 수 있는 인물과 함께 업무를 하고 싶다"라는 근원적 욕구들을 지니고 있다. 이러한 근원적 욕구는 금전 보상이나 지위 보상과는 별개의 차원으로 존재한다. "자네 참 잘했네"라는 말 한마디나 "이번 프로젝트가 우리 회사의 미래를 결정할거야", 혹은 "자네 덕분에 고객으로부터 칭찬을 들었네" 등의 말 한마디는 사명감 혹은 공헌하였다는 감정을 자극시키고 때로는 금전 보상을 받는 것보다 더 큰 기쁨을 느끼게 한다. 이와 같은 커뮤니케이션을 통해 조직 구성원들을 격려하고 동기를 부여하는 것이 바로 모티베이션 관리의 핵심이다.

'금전 보상'이나 '지위 보상'은 제로섬(Zero Sum) 게임, 다시 말해 누군가가 많이 받을수록 다른 누군가는 적게 받게 되는 숙명을 지니지만, '커뮤니케이션 보상'은 그러한 패러다임에서 탈피할 수 있다. 보상을 위한 재원이 구조적으로 부족한 문제로 고민하는 기업에게는 커뮤니케이션 보상이 내부 동인에 의한 유일무이한 '새로운 보상'인 셈이다.

인류의 발전은 선인의 지혜와 후세의 지혜가 축적되어 이루어진 결과라고 생각한다. 일본의 장기적인 불황 속에서도 무한 성장을 시도하고 있는 도요타의 비밀 속에는 이러한 일본 특유의 관리 기법이 존재하고 있으리라 믿는다. 과거의 역사를 송두리째 무시하고 새로운 것만을 추구하는 오늘의 현실을 감안할 때, 이 책이 주는 의미는 더욱 크다고 생각한다.

우리 인간은 이룰 수 있는 꿈과 희망을 먹고 사는 사회적 산물이다. 조직에 몸 담고 있는 구성원은 조직이 부여하는 직·간접의 제반 보상과 이에 대한 획득 가능성에 의해서 행동하는데, 이것이 바로 모티베이션이라는 사실을 이 책은 제시하고 있다. 이러한 인과관계를 망각하고 너무 조직적이고 합리적인 입장에서만 바라보는 시각 때문에 젊고 유능한 인재에서부터 모티베이션 위기가 발생되고 있음을 역설하고 있다. 특히 저자는 모티베이션을 경쟁력의 원천이라는 차원으로 승화시켜 나가고 있다. 따라서 이 책은 오늘의 현실에 너무 집착한 나머지 더욱 소중한 그 무엇을 잃어버리기 쉬운 우리들에게 기업 경영의 지침서로 자리 매김 하기에 충분하다고 생각한다.

2003년 11월
옮긴이 조병린·나상억